AF642683

Robert Welzel

Essen
Auf den zweiten Blick

Der besondere Stadtführer zu den verborgenen Schätzen

Bildnachweis

S. 11, 14 (unten), 58, 100, 152 (oben) u. 156: Sammlung Robert Welzel; S. 20 (unten): Ruhr Museum Essen; S. 24 (unten): Hermann Ehlgötz (Hg.), Deutschlands Städtebau, Berlin 1925; S. 32: Essener Volks-Zeitung v. 11.6.1892; S. 75 (unten): Haus der Essener Geschichte/Stadtarchiv; S. 76 (oben): Sunhild Welzel; S. 136: Domschatz Essen (Jens Nober, Essen); S. 142: Essener Filmkunsttheater/Frank Vinken.
Alle anderen Fotos: Robert Welzel

Bibliografische Information der Deutschen Nationalbibliothek
Die Deutsche Nationalbibliothek verzeichnet diese Publikation in der Deutschen Nationalbibliografie; detaillierte bibliografische Daten sind im Internet über http://portal.dnb.de abrufbar.

Impressum

1. Auflage Oktober 2024
Satz und Gestaltung: Joachim Bartels
Umschlaggestaltung: Roland Pecher
Umschlagfotos: Robert Welzel; Umschlag Rückseite (Mitte rechts): Domschatz Essen (Jens Nober, Essen); hintere Umschlagklappe: Oliver Wölbern
Druck und Bindung: AALEXX Druck Produktion,
Thönser Str. 5a, 30938 Großburgwedel
© Klartext Verlag, Essen 2024
Alle Rechte vorbehalten
ISBN 978-3-8375-2588-5

KLARTEXT

Jakob Funke Medien Beteiligungs GmbH & Co. KG
Jakob-Funke-Platz 1, 45127 Essen
info.klartext@funkemedien.de
www.klartext-verlag.de

Inhalt

Bevor es losgeht

Am Anfang steht eine Maus! Bei Groß und Klein ist sie beliebt und es ist gar nicht so einfach, sie im Kreuzgang des Essener Domes zu finden. Man sieht sie erst auf den zweiten Blick. Die **„Kirchenmaus"** ist ein schönes Beispiel für eine Sehenswürdigkeit, die sich nicht aufdrängt und doch eine interessante Geschichte erzählt: Der Essener Architekt Emil Jung, der sich nach dem Zweiten Weltkrieg um den Wiederaufbau des Münsters kümmerte, ließ die Maus als humorvolle Kritik an seinen Auftraggebern anbringen, weil die Arbeiten am Kreuzgang mangels Geldes immer wieder ins Stocken gerieten. Ein weiteres Beispiel entdecken wir im Essener Süden. Hier steht in der Nähe des Heidhauser Rathauses ein kaum bekannter, hübscher **Jugendstilbrunnen**. Er ist das vielleicht letzte erhaltene Ausstellungsobjekt der Essener Gewerbeschau von 1913, aus der die heutige Messe Essen hervorging. Erst unlängst weckte bürgerschaftliches Engagement den Brunnen aus dem Dornröschenschlaf. Ein aus dem Blick geratenes Kulturgut konnte vorbildlich restauriert und für die Nachwelt gerettet werden.

Kirchenmaus

An vielen Stellen im Stadtgebiet lassen sich vergleichbare historische Relikte entdecken, die man leicht übersehen kann, oder Orte, an denen man auf Rätselhaftes aus Essens Vergangenheit stößt. Wer den zweiten Blick wagt, trifft auf faszinierende Geschichten und begegnet schillernden Persönlichkeiten, die in Essen gelebt oder gewirkt haben. Die Schatzsuche, zu der dieses Buch einladen möchte, berührt das kaum Bekannte, längst Vergessene oder schlichtweg Unerwartete – ganz ohne Magie.

Man sieht, was man weiß! Ich wünsche Ihnen viel Freude daran, Essen aus ungewohnter Perspektive kennenzulernen. Bleiben Sie neugierig!

Robert Welzel

Heidhauser Brunnen

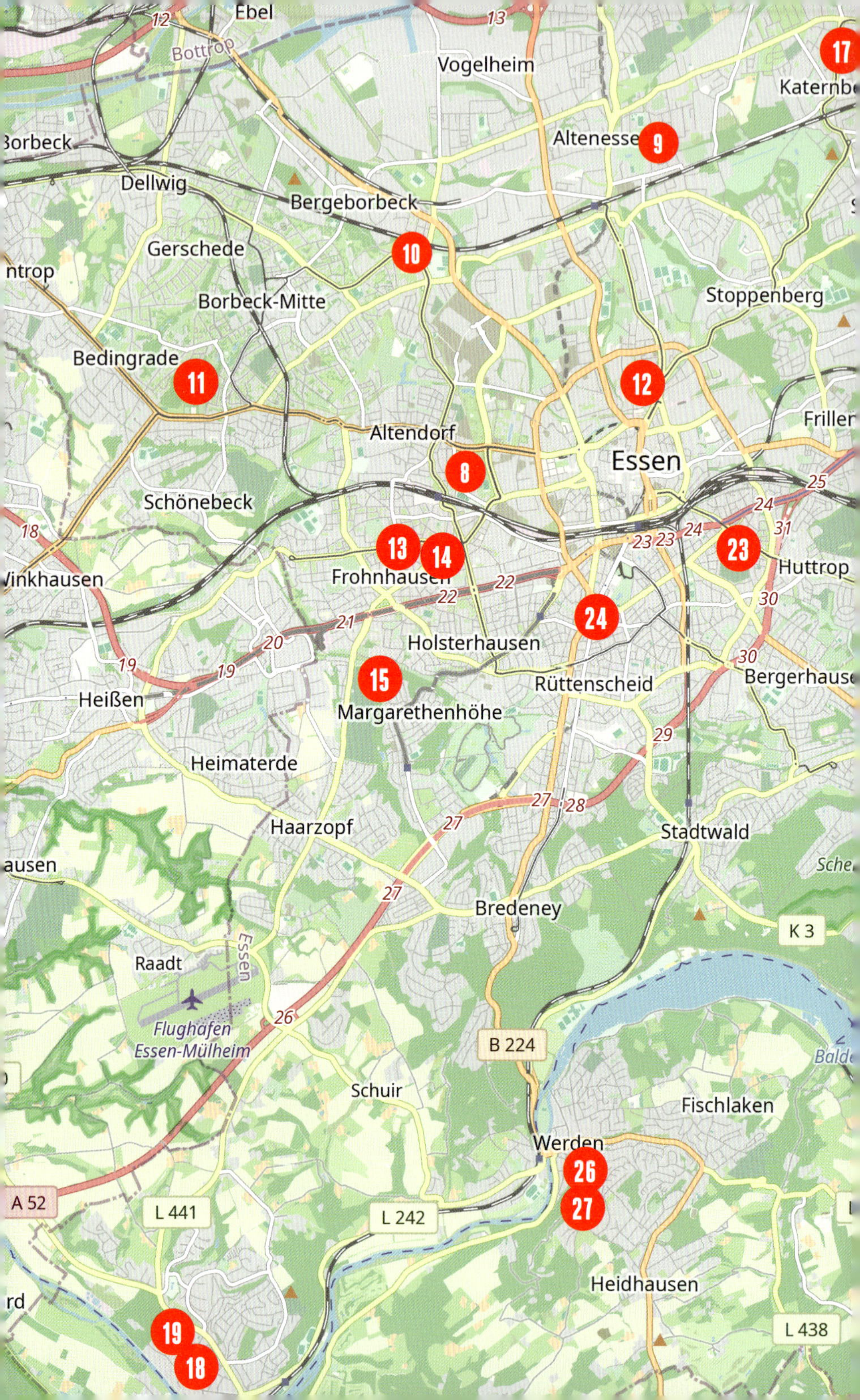

Ebel
Bottrop
Vogelheim
Katernberg
Borbeck
Altenessen
Dellwig
Bergeborbeck
Gerschede
Stoppenberg
Borbeck-Mitte
Bedingrade
Altendorf
Frillendorf
Essen
Schönebeck
Huttrop
Frohnhausen
Holsterhausen
Rüttenscheid
Bergerhausen
Heißen
Margarethenhöhe
Heimaterde
Haarzopf
Stadtwald
Bredeney
K 3
Raadt
Flughafen Essen-Mülheim
B 224
Schuir
Fischlaken
Werden
A 52
L 441
L 242
Heidhausen
L 438

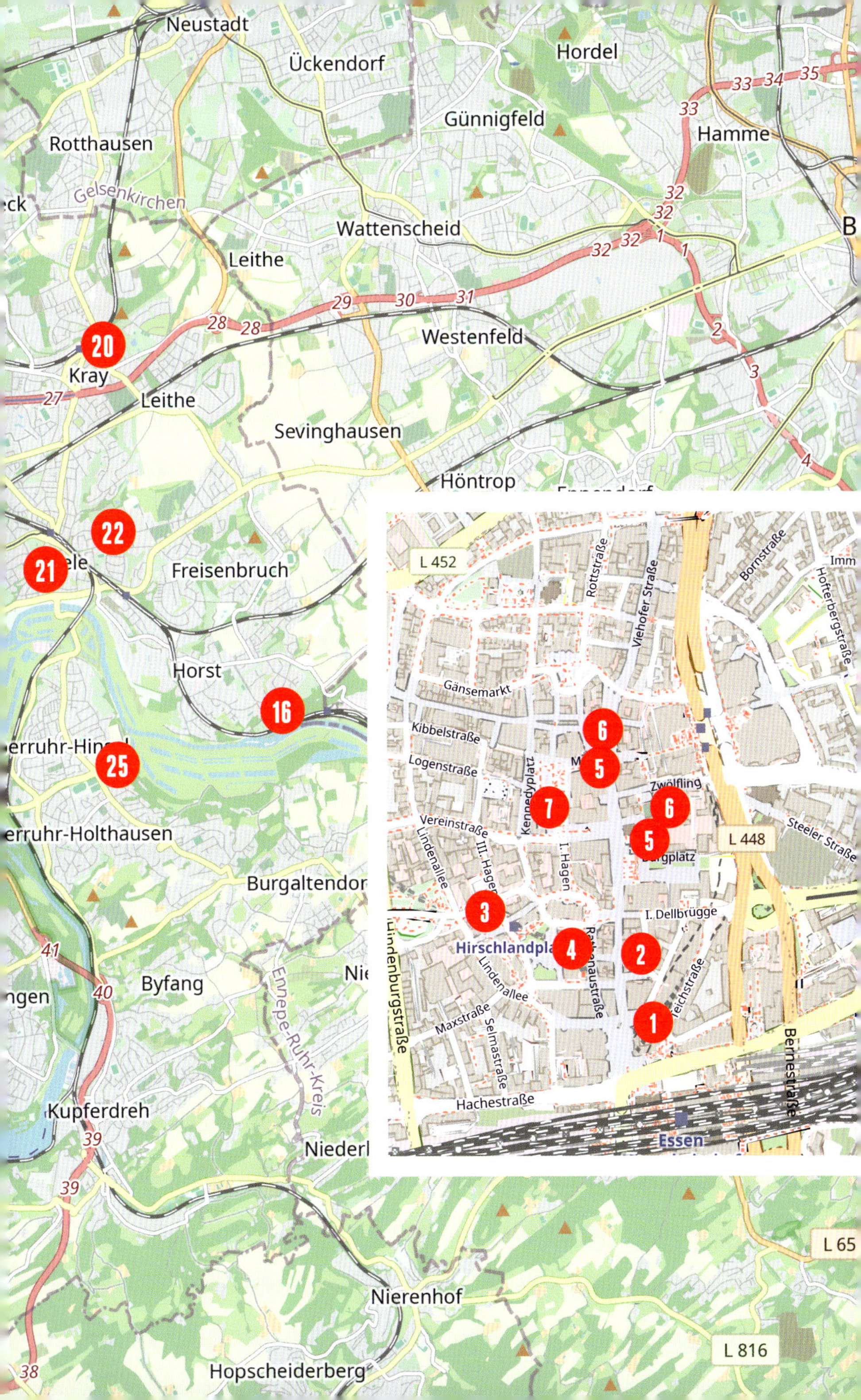
Neustadt
Ückendorf
Hordel
Günnigfeld
Hamme
Rotthausen
Gelsenkirchen
Wattenscheid
Leithe
Westenfeld
Kray
Leithe
Sevinghausen
Höntrop
Freisenbruch
Horst
Burgaltendor
Byfang
Ennepe-Ruhr-Kreis
Kupferdreh
Niederl
Nierenhof
Hopscheiderberg
L 65
L 816
20
21
22
16
25
L 452
Rottstraße
Viehofer Straße
Bornstraße
Hofterbergstraße
Gänsemarkt
Kibbelstraße
Logenstraße
Kennedyplatz
Zwölfling
Steeler Straße
L 448
Vereinstraße
Lindenallee
III. Hagen
I. Hagen
I. Dellbrügge
Hirschlandpl
Rathenaustraße
Lindenburgstraße
Lindenallee
Maxstraße
Selmastraße
Hachestraße
Bernestraße
Essen
1
2
3
4
5
6
7

01 | Innenstadt | Am Handelshof
Ankommen in Essen

Menschen, die Arbeit suchten, zog es am Ende des 19. Jahrhunderts in großer Zahl ins heutige Ruhrgebiet. Sie hatten ihre alte Heimat, ihr Dorf, ihr Elternhaus, ihre Freunde verlassen, um in einer der Zechen oder Industriebetriebe anzuheuern. An diesen „Rausch der schwarzen Diamanten" erinnert noch heute das Hotel „Essener Hof". Es ging aus der 1883 gegründeten „Herberge zur Heimat" hervor, die ein erster Anlaufpunkt für die Zugereisten war, wenn sie mit ihren spärlichen „sieben Sachen" am vermeintlichen Ziel ihrer Wünsche anlangten. In der Herberge mit ihren Kantentürmen und Säulen, romanischen Rundbögen und der spätgotischen Maßwerkbrüstung fanden sie ein vorläufiges Unterkommen und Menschen, die sich ihrer annahmen. Hier konnte man sich unter den wachen Augen der Kirche für die große fremde Stadt wappnen, hier gab es Schutz vor Verlockungen wie Glückspiel oder Alkohol. Bis heute schmückt der Schriftzug „Ein feste Burg ist unser Gott" das Gebäude und verweist auf den christlichen Ursprung des Hauses.

Die erste **Herberge zur Heimat** wurde 1854 von Clemens Theodor Perthes in Bonn ins Leben gerufen. Später setzte sich der populäre Pastor Friedrich von Bodelschwingh dafür ein, ein regelrechtes Netz solcher Einrichtungen in gemeinsamer Verantwortung von Kirche und Staat aufzubauen. Die Zahl der in Deutschland auf Wanderung befindlichen „Handwerks- und Bürgersöhne" schätzte man zur Gründungszeit der Essener Herberge auf über 200.000. Seriöse Unterkünfte gab es aber nur für etwa 4.000 Menschen. Alle anderen drohten, in die Hände der „Glücksritter" zu fallen oder „in allerlei für Leib und Seele gefährliche Spelunken zu geraten", wie in der Rheinisch-Westfälische Zei-

Herberge zur Heimat

tung vom 6. Juli 1885 nachzulesen war. In Essen, wo es bereits seit längerem ein Katholisches Gesellenhaus gab, nahm man den 400. Geburtstag Martin Luthers 1883 zum Anlass für die Gründung der „Herberge zur Heimat als Luther-Stiftung der evangelischen Gemeinde Essen". Obwohl die Einrichtung überkonfessionell ausgerichtet war, betrachteten vor allem Gewerkschaftler die „christlichen Pennen" mit Argwohn.

Rasch gingen die ersten Spenden ein. Alfred Krupp bewilligte stattliche 10.000 Mark, weshalb man der Firma Krupp eine ständige Mitgliedschaft im Vorstand zusicherte. 1884 erwarb die Evangelische Altstadt-Gemeinde das Grundstück an der Bachstraße, die heute Am Handelshof heißt. In den kommenden zwei Jahren kamen rund 35.000 Mark zusammen, was für das Vorhaben allerdings nicht ausreichend war. So wurde zunächst ein eher bescheidener Ziegelrohbau im gotischen Stil gebaut, den die Essener Architekten Flügge und Nordmann entwarfen. Um das Gebäude vollenden zu können, stellten die Gemeindeglieder unverzinsliche und unkündbare Darlehensbeträge von jeweils 50 Mark bereit. Außerdem musste man noch ein Bankdarlehen aufnehmen, dessen Abzahlung sich später lange hinzog. Im Haus, das am 12. November 1888 im großen Saal unter Kaiserbüsten und Lutherbildern festlich eingeweiht wurde, gab es auch ein Restaurationslokal „für den bürgerlichen Verkehr". Die eigentliche Herberge verfügte über vier Schlafsäle mit jeweils 17 Betten, einen Verpflegungssaal und ein Lese- und Frühstückszimmer. Darüber hinaus bestanden Logierzimmer für „weniger bemittelte" Geschäftsreisende und sogar sechs Zimmer für besser gestellte Personen. Für die „Herberge" und das „Gasthaus" waren von Anfang an separate Eingänge vorgesehen.

Da die Herberge nur zur Aufnahme von Männern gedacht war, entstand später noch ein kleineres Mädchenheim an der Dreilindenstraße. Ganz praktisch wollte man den zumeist jungen Menschen bei ihrer Ankunft in Essen ein gutes Lager, kräftiges Essen und helle luftige Räume bieten. Zu den wichtigsten Aufgaben der Herbergsleitung gehörte es, ihre Schützlinge möglichst schnell an Handwerk und Industrie zu vermitteln. Alleine an der Bachstraße zählte man schon bald mehr als 20.000 Übernachtungsgäste im Jahr, später sogar um die 35.000, wobei sich die meisten von ihnen gegen kleines Entgelt in der Regel nur ein oder zwei Nächte im Haus aufhielten. Wer besonders bedürftig war, wurde kostenfrei aufgenommen. Der Evangelische Gesellenverein finanzierte eine angemessene Christfeier mit Tannenbaum, bei der auch Zigarren und Bier, Strümpfe, ein Stofftaschentuch oder ein Neues Testament an die Bewohner

Herberge als Hotel Vereinshaus 1905

verschenkt wurden. Während des Ersten Weltkrieges nahm man auch Soldaten auf, bevor sie von hier aus in den zermürbenden Frontkampf geschickt wurden.

Der Hotel- und Restaurationsbetrieb wurde 1891 von August Bosse übernommen, der zunächst noch als „Hausvater" wirkte, später aber als „Direktor" ausschließlich für das Hotel zuständig war. Der „Gasthof Vereinshaus" wurde schließlich zum **Hotel Vereinshaus**. 1898 entschloss man sich, den alten Saal abzureißen und bis 1904 auf seinen Fundamenten den heute erhaltenen Erweiterungsbau in Stile der Burgenromantik zu errichten. In der Herberge gab es nun zu jedem Schlafsaal einen Waschraum und ein Brausebad, die Betten erhielten Sprungfedermatratzen. Während das Vereinshaus mit dem bis Januar 1913 in Rekordzeit neu errichteten Eckbau schon bald zu den besten Hotelbetrieben des rheinisch-westfälischen Industriebezirks zählte, setzte für die Herberge, deren Eingang nun im Sockelgeschoss lag, allmählich der Niedergang ein. Sie verkam zur Anlaufstelle für Langzeitarbeitslose, die von Einrichtung zu Einrichtung weiterzogen, ohne vermittelt werden zu können. „Die Arbeitslosenarmee kann man ruhig als gänzlich verarmte Proletarier der Landstraße bezeichnen", schrieb die Arbeiter-Zeitung schon am 12. Oktober 1908.

Die zunehmende Kriminalität entwickelte sich zum Dauerproblem. Ging es anfänglich nur um „eingeschlichene Logierer" oder kleinere Diebstähle, so wurde die Herberge mehr und mehr zu einer Absteige für „gefährliche Burschen", die von hier aus ihre teils bewaffneten Raubzüge ausheckten oder versuchten, ihr Diebesgut zu verkaufen. Die oft leichtgläubigen, bettelarmen heimatlosen Wanderburschen wurden Opfer betrügerischen Glückspiels oder zu „unsauberen Zwecken" missbraucht. So florierte in der Herberge während des Ersten Weltkrieges der Handel mit gefälschten Lebensmittelkarten. Immer wieder wurden die Angestellten angegriffen, misshandelt oder sogar mit Feuerwaffen verletzt. Dem Ruf war dies abträglich. Längst galten die Herbergen als Vorstufe zum wirtschaftlichen und gesellschaftlichen Abstieg. Wie zuvor schon in anderen Städten, so erklärte sich 1935 auch die Luther-Stiftung in Essen bereit, das Haus zu schließen, offiziell mangels Bedarfs. Wohl eher passten die Herbergen als Zufluchtsort für Heimatlose nicht in das Weltbild der NS-Volksgemeinschaft. In die verwaisten Räume zog der Reichsmütterdienst ein. Das Hotel Vereinshaus besteht hingegen bis heute und trägt seit 1975 den Namen „Essener Hof", der vom früheren Krupp-Hotel am Limbecker Platz übernommen wurde.

Hotel Essener Hof
Am Handelshof 5
45127 Essen

02 | Innenstadt | Kettwiger Strasse
Bergmann unter venezianischer Sonne

An der Kettwiger Straße hängt seit 1956 in einer luftigen Loggia ein Glockenspiel aus 26 Bronzeglocken, das unermüdlich wechselnde Melodien zum Besten gibt. Hergestellt wurde es in einer niederländischen Glockengießerei und schmückte bereits 1928 das alte Geschäftshaus des Juweliers Deiter an der Limbecker Straße. Der mosaikgeschmückte Erker des neuen Deiter-Hauses (heute Juwelier Pletzsch) folgt dem Vorbild des Torre dell´Orologio in Venedig. Während dort zwei bronzene Hirten die Stunde schlagen, lag es nahe, diese Aufgabe in Essen einem Bergmann zu überlassen, den der Essener Bildhauer und Professor der Folkwangschule für Gestaltung Adolf Wamper mit Helm, Hammer und Grubenlampe ausstaffierte. Zur lokalgeschichtlichen Persönlichkeit wurde unser Bergmann erst mit dem Betriebsende der Zeche Zollverein, die als letztes Essener Bergwerk 1986 stillgelegt wurde. Seitdem ist der Bergbau vorrangig zum Gegenstand der historischen Forschung geworden. Es gibt gleich mehrere Vereine, die auf die Zechengeschichte spezialisiert sind, wie etwa der Förderverein Bergbauhistorischer Stätten Ruhrrevier e.V. oder die Geschichtswerkstatt Zeche Zollverein e.V.

Wenn am helllichten Tage die Passanten in der Fußgängerzone innehalten und besonders die Kinder, ihre Eltern und Großeltern wie gebannt zum Erker aufblicken, so zeigen sich in den Rundbogenöffnungen zu Glocken- und Fanfarenklang unter anderem der Bischof Altfrid, die Essener Äbtissin Theophanu mit einem Modell der Stiftskirche und Kaiser Heinrich III., der Essen 1041 das Marktprivileg

Bergmann am
Glockenspielhaus

Der Glockenspielerker

Echte Bergleute
vor einer
Essener Zeche

Äbtissin Theophanu bei ihrem Auftritt

verlieh. Zu bekannten Liedstrophen lassen kupfergetriebene Figuren Essens Stadtgeschichte wie im Zeitraffer in nur vier Minuten Revue passieren. Die urkundlich fassbare Geschichte der Stadt beginnt Ende des 8. Jahrhunderts mit der **Gründung der Abtei Werden** durch den Missionar Liudger. Er stammte aus einer friesischen Adelsfamilie, den so genannten „Liudgeriden". Um 850 entstand ein **Frauenstift im sächsischen Asnide (später Essen)**, das dem Hochadel vorbehalten war und vor rund 1.000 Jahren enge Beziehungen zu den Ottonen unterhielt. Unter den Äbtissinnen Mathilde und Theophanu entstanden der berühmte Westbau der Stiftskirche, die Goldene Madonna, der Siebenarmige Leuchter und Teile des heutigen Domschatzes. Frauenkonvente für den niederen Adel wurden von Essen ausgehend in Rellinghausen und Stoppenberg gegründet. Das Stift Essen und die Abtei Werden bildeten seit dem 13. Jahrhundert reichsunmittelbare, also nur dem König bzw. Kaiser unterstellte Reichsfürstentümer.

Die vor den Toren der Essener Stiftsfreiheit entstandene **Marktsiedlung** emanzipierte sich ab 1244 durch den Bau einer Stadtmauer als Handelsplatz, der nach politischer Autonomie strebte. Die zunehmend selbstbewusster auftretende Bürgergemeinde führte jahrhundertelangen Streit mit dem Stift, das den Status Essens als freie Reichsstadt nicht anerkennen wollte. Als bedeutender Wirtschaftszweig galt neben dem Textilgewerbe sowohl in Essen als auch im nahen Steele, das auf Essener Stiftsgebiet lag, seit dem 16. Jahrhundert die Gewehrindustrie. Mit der Säkularisation 1803 fielen die geistlichen Fürstentümer und mit ihnen die Stadt Essen an Preußen, von 1806 bis 1813 gehörte das Gebiet zum Großherzogtum Berg.

Während in Werden und Kettwig die **Tuchindustrie** zum prägenden Wirtschaftsfaktor des 19. Jahrhunderts wurde, ermöglichte die Einführung der Dampfmaschine um 1800 die Gewinnung der Steinkohle im Tiefbau. Rund um die Stadt Essen zogen die Zechen Sälzer & Neuack, Victoria Mathias, Graf Beust und Hercules die Arbeitskräfte an. Schon 1811 hatte Friedrich Krupp eine Gussstahlfabrik gegründet und wenige Jahre später in das heutige Essener Westviertel verlegt. Das Unternehmen nahm unter Alfred Krupp einen beispiellosen Aufstieg und erlangte eine Schlüsselposition im Rüstungsbau. So spielten Krupp-Geschütze bei der Belagerung von Paris 1870/71 eine entscheidende Rolle. Essen, daher auch als **„Kanonenstadt"** gerühmt, wurde 1896 Großstadt und betrieb eine geschickte Stadterweiterungspolitik, um neue Wohngebiete und Freizeitflächen zu erschließen. Bisher selbständige Landgemeinden und Städte wie Altendorf, Rüttenscheid, Altenessen, Kray, Steele und Werden wurden eingemeindet. Dabei machte Essen durch städtebauliche Reformen, eine eigene Kunstgewerbeschule und herausragende Bauprojekte (Margarethenhöhe, Synagoge) auf sich aufmerksam. Die Gründung des Ruhrsiedlungsverbandes, der Ankauf der **Folkwang-Sammlung**, bedeutende Ausstellungen wie die Gruga von 1929 oder die Anlage des Baldeneysees prägten die Weimarer Jahre. Nach der Auflösung des Landkreises Essen 1929 zählte die „Ruhr-Emscher-Stadt" mit über 600.000 Einwohnern zu den größten Kommunen in Deutschland. In der Reichspogromnacht 1938 brannten hier wie andernorts die Synagogen. Eingebunden war dies in die Ausgrenzung, Verfolgung und Ermordung Unschuldiger während der NS-Zeit. Am Ende des Zweiten Weltkrieges lagen weite Teile des Stadtgebiets in Trümmern.

Mit der Gründung des **Ruhrbistums** wurde Essen 1958 Bischofssitz, 1972 zudem Universitätsstadt. Ihre heutige Ausdehnung erreichte die Stadt 1975 durch die Eingemeindung von Kettwig. Zunehmende Bedeutung erlangte Essen nicht nur als Verwaltungsstandort, sondern auch als Sitz bedeutender Unternehmen, die sich mit der Umwandlung und Bewirtschaftung von Energie befassen. In den letzten Jahren konnte die Stadt als **Kulturhauptstadt Europas** (2010) und Grüne Hauptstadt Europas (2017) punkten und zählt als Teil der „Metropole Ruhr" mit ihrem UNESCO-Welterbe Zollverein fast eine Million Übernachtungsgäste (2023) im Jahr.

Trotzdem hat die anhaltende Diskussion über die bekannte **Leuchtreklame am Hotel Handelshof**, nicht weit vom Glockenspielhaus entfernt, gezeigt, wie schwer es fällt, den wechselvollen Werdegang Essens in ein touristisches Profil zu verwandeln. Will man, nachdem „Essen die Einkaufsstadt" nicht mehr zeitgemäß erschien, als „Stadt der Goldenen Madonna", „Kruppstadt", „Energie-Metropole" oder „Folkwangstadt" gelten? Unser Bergmann, der unter einer venezianisch anmutenden Sonne die Stunden schlägt, mag wohl in erster Linie auf eine schwere, schmutzige Maloche unter Tage mit Siechtum und Staublunge zurückblicken. Er nimmt diese Überlegungen mit Gelassenheit auf. Natürlich ist Essen die „Kohlenstadt". Glück auf!

Viel diskutierte Leuchtreklame am Handelshof

Glockenspielhaus
Kettwiger Straße 22
45127 Essen

03 | Innenstadt | Trentelgasse
Als die Nacht zum Tag wurde

An der Trentelgasse hält eine Gedenktafel des Bildhauers Siegfried Schellbach seit 1904 die Erinnerung an die Fabrik des bekannten Industriepioniers Franz Dinnendahl (1775–1826) wach. Hier produzierte er ab 1811 die für den Bergbau so nützlichen Dampfmaschinen. Weniger bekannt ist, dass in der Fabrik 1818 der Essener Apotheker Franz Wilhelm Flashoff (1771–1837) eine von ihm erfundene Gasbeleuchtung erstmals für ein größeres Gebäude erprobte. Auch wenn dies nicht, wie man damals annahm, die erste Gasbeleuchtung auf dem europäischen Kontinent war, so ging diese Pionierleistung doch in die Technikgeschichte ein. Mit der Gasbeleuchtung von Gebäuden, Straßen und Plätzen konnte man die Nacht zum Tag machen. Trotzdem blieb es Flashoff lange Zeit verwehrt, auf einer Erinnerungstafel geehrt zu werden, die erst der Historische Verein für Stadt und Stift Essen e.V. vor dem Gebäude aufstellen ließ.

Laut einem Bericht in der Zeitschrift „Hermann" vom 27. März 1818 entschloss sich Dinnendahl damals, seine große Schmiede samt Schreinerei und Drechselstube mit Gaslicht zu erleuchten. Der frühere Hofapotheker Flashoff, der ihm die Anlage bauen sollte, war zu dieser Zeit kein Unbekannter: Er bereicherte die neue Lehre der Chemie durch seine Forschungen und Experimente. Während der Kontinentalsperre produzierte er aus einheimischen Erzeugnissen einen Ersatz für Rohrzucker. Im Kriegsjahr 1813 führte er in Essen „Rumfordsche Suppen" ein, die auf Grundlage von Graupen und getrockneten Erbsen hergestellt wurden, und organisierte eine Suppenküche für die notleidende Bevölkerung.

Gedenktafel für Franz Dinnendahl

Die **Gewinnung von Leuchtgas aus Steinkohle** war Flashoff ein weiteres Anliegen. 1816 war es ihm durch Experimente gelungen, in seinem Laboratorium, das angefüllt war mit chemisch-physikalischen Apparaten, eine funktionierende Gasbeleuchtung zu installieren. Die empor züngelnden Gaslichtflammen versetzten die Öffentlichkeit in Verzückung. Dies war seine eigene Erfindung und er griff dabei nicht auf die Innovationsleistungen britischer Ingenieure zurück, wo die Gasbeleuchtung schon früher eingeführt worden war. Für die Fabrik perfektioniert er die Anlage, so dass ein ruhiges Brennen des Lichtes gewährleistet war. Es konnte sogar eine Laterne außerhalb der Schmiede betrieben werden. Mit dem Ergebnis, von dem sich Abend für Abend viele Zuschauer in der Schmiede und auf dem Hof selbst überzeugten, zeigte man sich hoch zufrieden. „Die Lichtflamme ist hell und weiß, dem Tageslicht weit ähnlicher, als die unserer Oel- und Talglichter", wie es im „Hermann" hieß. Zusammen mit Dinnendahl hatte Flashoff an der Trentelgasse den Beweis erbracht, dass preiswert und ohne Geruch und Qualm Steinkohlen-Gas zur Erleuchtung von ganzen Gebäuden und Straßen genutzt werden konnte. Durch die Veröffentlichung seiner Forschungsergebnisse wurde

Das frühere Hauptzollamt

Flashoff im Laboratorium mit Gasbeleuchtung

Flashoff über Essen hinaus bekannt. Dinnendahl hatte mit seiner Fabrik weit weniger Glück. 1821 fiel sie einer Brandkatastrophe zum Opfer, die Produktion musste ins Ruhrtal verlagert werden.

Trotz der Pionierleistung Flashoffs wurden die Essener Straßen zunächst mit Petroleum beleuchtet. Erst 1856 entschloss man sich zum Bau einer **Gasanstalt**. Die nach und nach aufgestellten Laternen brannten nur in den Abendstunden, weil man einen durchgehenden Nachtbetrieb noch nicht für erforderlich hielt.

Jede einzelne Laterne musste damals noch von Hand angezündet und auch wieder ausgelöscht werden. Als es schon in den 1870er Jahren technisch möglich wurde, die Laternen durch den Gasdruck zu steuern, zögerte man die Einführung der Druckregler aus sozialen Gründen in Essen noch bis 1920 hinaus. Denn viele der Laternenanzünder waren Invaliden, die in anderen Berufen kaum einsetzbar waren.

Bereits 1863 wurde eine Gasbeleuchtung in der Krupp-Fabrik installiert. Wie 1872 in der Essener Volks-Zeitung berichtet wurde, sollte allein die Villa Hügel mit ihrem Park die unglaubliche Zahl von 762 Gaslaternen erhalten, weit mehr als es damals in Essen gab – versorgt von einer „hügeleigenen Gasfabrik". Für die Essener Straßenbeleuchtung begnügte man sich in der Regel mit einflammigen Leuchten, die bevorzugt an den Hausfassaden angebracht wurden. War genügend Platz auf dem Trottoir vorhanden, konnten die Laternen auch auf einem Mast installiert werden. An ausgewählten Plätzen wurden „Prunkkandelaber" aufgestellt, deren reich mit Akanthuslaub verzierten Arme bis zu fünf Laternen tragen konnten. So schmückte man 1894 auch die Treppe des neuen Stadttheaters mit zwei „stilvollen" Kandelabern.

Laternen am Grillo-Theater bei Nacht

Laternenmuseum

Nach Abbruch der von Franz Dinnendahl genutzten Gebäude wurde die Gedenktafel 1909 am Treppenaufgang des hier erbauten Hauptsteueramtes (später Hauptzollamt) angebracht. Für nostalgische Gefühle sorgen die am nahen Theaterplatz aufgestellten Gaslaternen. Es handelt sich um inzwischen elektrisch betriebene Nachbauten, die anschaulich an die Gasbeleuchtung der Städte im 19. und 20. Jahrhundert erinnern. 1979 am Handelshof begründet, wurde das „Laternenmuseum" später auf den Burgplatz erweitert und schließlich zum Grillo-Theater verlagert.

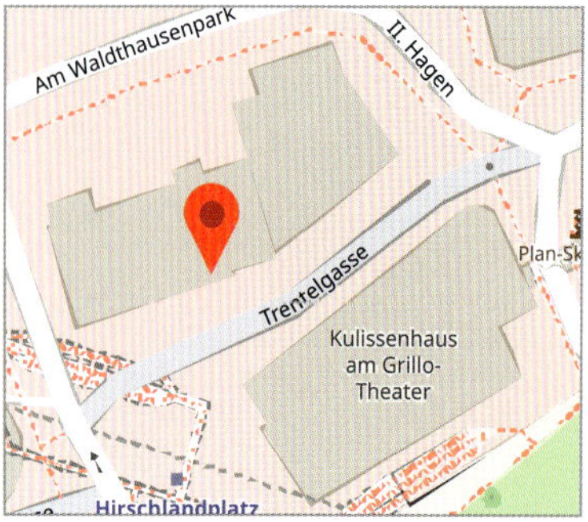

Trentelgasse
45127 Essen

04 | Innenstadt | Theaterplatz
Das versteckte Klarbach-Haus

Dass sich ein großes Haus erfolgreich vor uns verstecken kann, wird man kaum für möglich halten. Eines der frühen Meisterwerke des Eisenbaues in Essen, das Klarbach-Haus, verbirgt sich in dem Baukomplex, der 1928-29 für die Theaterplatz AG am heutigen Hirschlandplatz errichtet wurde. Die Architekten Georg Metzendorf und Jakob Schneider verblendeten das Gebäude mit Ziegeln und teilten die aus ihrer Sicht viel zu großen Fenster durch schmale, vorgestellte Ziegelpfeiler, die sich heute wie die Saiten einer Harfe über die Fassade legen. In die Räume der Firma Klarbach zog nun das „Kaufhaus Eintracht" ein, sowie das Kabarett „Casanova", für das noch zwei Etagen aufgesetzt werden mussten. Auf den ersten Blick war ein anspruchsvoller Vertreter des „Neuen Bauens" entstanden. Nur die Rundbögen an der Straßenecke lassen ahnen, dass hier ein radikales Face-Lifting vollzogen wurde.

Das „Vollständige Aussteuer-Geschäft" der **Gebrüder Benedix und Simon Klarbach,** das für eine Familiengründung neben Bekleidungsstücken auch Leinen, Bettzeug, eiserne Bettgestelle und andere Möbel, Öfen oder Kinderwagen bereithielt, entstand schon 1866 am Gänsemarkt. An jüdischen Feiertagen blieb es „streng geschlossen", wie man regelmäßig inserierte. Die Familie Klarbach gehörte der Synagogengemeinde an und Simon Klarbach wirkte rund 25 Jahre im Vorstand der Gemeinde mit. Er gehörte sogar der Chewra Kaddischa (Beerdigungsbruderschaft) an. Anfang 1876 siedelte die Firma zur Limbecker Straße um, die sich um diese Zeit als Einkaufsstraße einen Namen machte. Die hier verkaufte Garderobe wurde in einem eigenen „Nähsaal" produziert, für

Das Klarbach-Haus im Kleid der 1920er Jahre

Firmenwerbung der Gebr. Klarbach

den man 1899 „50 geübte Jacken-Näherinnen" per Anzeige suchte. Das Aussteuerhaus mauserte sich zur Mechanischen Kleiderfabrik mit elektrischem Betrieb für Arbeiter-, Knaben- und Buxkin-Konfektionsware.

Zur Errichtung eines Engros-Warenhauses nebst Kleiderfabrik in einem Gebäude „modernen Stils" erwarb die Firma Klarbach Anfang 1899 das Grundstück am Stadttheater. Schon im Verlauf des Jahres 1900 konnte der Neubau bezogen werden. Der Entwurf stammte vom Architekten **Ernst Knoblauch**, der sich bei einem begrenzten Wettbewerb durchgesetzt hatte. 1868 in Essen geboren, sammelte Knoblauch bei einem international bekannten Berliner Architekturbüro erste Erfahrungen. Nach Essen zurückgekehrt, fand er Arbeit bei Bruno Kunhenn, einem der wenigen namhaften Baukünstler am Ort. 1893 eröffnete Knoblauch an der Uhlandstraße ein eigenes „Bureau für Architektur und Bauausführungen", das er in Zeitungsanzeigen bewarb. Binnen kurzer Zeit zog er zahlreiche lukrative Aufträge an Land, die seinen Ruf als führender Planer von Hotel- und Gastronomiegebäuden festigten. Das Glanzstück seiner frühen Tätigkeit war zweifellos das bekannte Kurhaus „Am Ruhrstein" in Bredeney, das 1897 eröffnet wurde. Schon kurz darauf verschrieb er sich dem aufkommenden Jugendstil. So gestaltete er 1902 an der Kettwiger Straße den „Essener Automat" einschließlich Innenausstattung als Selbstbedienungsrestaurant. Er versah das Lokal mit einem sensationellen Bogenportal aus Eisen und Holz nach dem Vorbild der Pariser Metro-Stationen.

Schon früh nutzte Knoblauch die Errungenschaften des Eisenbaus, dessen technische Möglichkeiten für die Errichtung selbsttragender, mehrgeschossiger Eisenskelettbauten seit etwa 1870 als ausgereift galten. Das Klarbach-Haus war eine der ersten größeren **Eisenkonstruktionen**, die in Essen gebaut wurden. Die Konstruktionsweise war zwar nicht sichtbar, zeichnete sich aber im Fassadenraster ab. Die Innenräume waren vor allem zur Aufstellung modernster, elektrisch betriebener Maschinen gedacht. Knoblauch verzichtete auf Zwischenwände und legte die Fenster in voller Raumhöhe an, um möglichst viel Tageslicht einzulassen. In der Textilbranche fand Knoblauchs Entwurf große Anerkennung und er durfte in den folgenden Jahren acht weitere Kleiderfabriken entwerfen.

Seine Erfahrungen im Eisenbau nutzte Knoblauch auch für die Errichtung großer **Textilwarenhäuser**, etwa 1904 für das Kaufhaus H. & L. Freudenberg an der Limbecker Straße. Der verglaste Lichthof war der erste seiner Art in Essen. Die Etagendecken wurden nur an einer Seite von Pfeilern getragen, die Treppe schien förmlich im Raum zu schweben. Zeitgleich errichtete Knoblauch sein erstes Warenhaus in Eisenbeton. Viele weitere folgten, wie etwa das bis heute erhaltene Overbeck & Weller-Haus am Kopstadtplatz von 1911–12. Stets kombinierte Knoblauch die modernsten Errungenschaften der Technik mit edlen Materialien und werbewirksamen Beleuchtungseffekten. Auch mit seinen **Monumentalbauten der 1920er Jahre** prägte er das Essener Stadtbild. Das Blum-Gebäude am Burgplatz (1925/1929), das Allbau-Haus am Pferdemarkt (1927–28) und das

Klarbach-Haus am Hirschlandplatz

Geschäftshaus Am Münster (1928) an der Kettwiger Straße haben sich bis heute erhalten. Obwohl er wiederholt für jüdische Auftraggeber tätig war, konnte Knoblauch nach der Machtergreifung durch die Nationalsozialisten ungehindert weiterarbeiten. Aus Anlass seines 65. Geburtstages und 40. Berufsjubiläums im Dezember 1933 würdigten die Zeitungen umfassend sein bis dahin entstandenes Gesamtwerk. 1955 starb er in Essen.

Die Firma Klarbach, die 1928 ein Gebäude am Waldthausenpark bezog, geriet 1931 im Zuge der Weltwirtschaftskrise in Zahlungsschwierigkeiten und ist zuletzt 1932 im Adressbuch aufgeführt. Der an das Klarbach-Haus grenzende Hirschlandplatz verweist auf das bekannte Essener Bankhaus Hirschland an der Lindenallee. Mit dieser Platzbenennung mitten im Stadtzentrum wird seit 1985 exemplarisch die Bedeutung jüdischer Familien für den wirtschaftlichen Aufstieg Essens im 19. und frühen 20. Jahrhundert herausgestellt. Damit wird zugleich an die Vertreibung und Vernichtung jüdischer Menschen als Folge der nationalsozialistischen Rassenpolitik erinnert. Auch Angehörige der Familie Klarbach, der frühere Gesellschafter Julius Klarbach, seine Ehefrau Helene und der letzte Firmeninhaber Siegfried Klarbach wurden 1941–43 in den Konzentrationslagern ermordet.

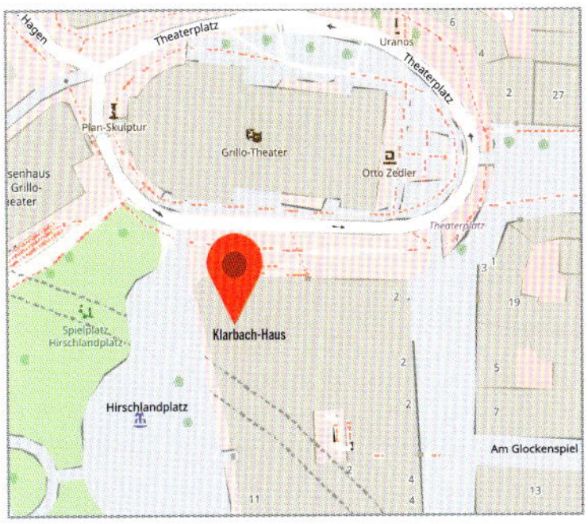

Klarbach-Haus
Theaterplatz/Hirschlandplatz
45127 Essen

05 | Innenstadt | Domhof und Markt
Der doppelte Alfred

Neben dem Eingang zum Essener Domschatz steht ein Bischof mit Mitra, Chormantel und Kirchenmodell: Altfrid (um 800–874), der „Gründer von Stift und Stadt Essen – vierter Bischof von Hildesheim – Erbauer des Hildesheimer Domes und des Essener Münsters". Erst 1970, fünf Jahre nach seiner offiziellen Heiligsprechung, schuf der Bildhauer Ludwig Deller die Figur im Auftrag des Essener Münsterbau-Vereins. Die Idee für ein Denkmal war schon 1887 aufgekommen, als die Essener Stadtverordneten ad hoc entschieden, dem „zweiten Stadtbegründer", dem soeben verstorbenen Industriellen Alfred Krupp (1812–1887), am Marktplatz ein Bronzestandbild zu errichten. War es da nicht mehr als gerechtfertigt, auch dem ersten und wahren Gründer ein Denkmal zu gönnen?

Dass man beide Männer, den Industriellen und den Bischof, miteinander verglich, dafür bot die Namensgleichheit einen reizvollen Anlass. 1812 war **Alfred Krupp** zu Ehren des Heiligen auf den Namen „Alfried" getauft worden. Erst als Erwachsener glättete er seinen Namen auf das gebräuchlichere „Alfred". Die Enthüllung des Denkmals 1889 bot Anlass, an seine Kindheit und Jugend zu erinnern. Schon mit 14 Jahren hatte er für die weitgehend ruinierte Firma seines Vaters Verantwortung übernehmen müssen, an der Seite seiner Mutter. Therese Krupp ließ 1826 per Inserat versichern, dass durch das frühe Hinscheiden ihres Gatten „das Geheimniß der Bereitung des Gußstahls nicht verloren gegangen, sondern durch seine Vorsorge auf unseren ältesten Sohn, der unter seiner Leitung der Fabrik vorgestanden, übergegangen ist". Sie wolle „in Hinsicht der Güte des Gußstahls, so wie auch der, in meiner Fabrik daraus

Bischof Altfrid vor dem Domschatz

Alfred Krupp-Denkmal von 1889 auf dem Markt

verfertigten Waaren, nichts zu wünschen übriglassen". Alfred Krupp entsprach diesen Erwartungen voll und ganz. Er baute die Fabrik zu einem gewaltigen Unternehmen aus und wurde als „Kanonenkönig" gefeiert. Bei seinem Tode waren die Begriffe „Krupp" und „Essen" untrennbar miteinander verbunden.

Über **Altfrid** und seine Rolle bei der Entstehung des Essener Stiftes ist hingegen erstaunlich wenig bekannt. Erst aus dem 14. Jahrhundert stammt der einzige mittelalterliche Verweis auf das Gründungsjahr 852. Die „Gründungsurkunde", mit der Altfrid aus Anlass der Kölner Synode von 870 seine Stiftung abgesichert haben soll, ist schon seit 1922 als Fälschung aus der Zeit um 1090 entlarvt. Falls es ein älteres Dokument ähnlichen Inhalts gab, so fiel es wohl beim Brand der Stiftsgebäude im Jahre 946 den Flammen zum Opfer. Für einige Verwirrung sorgte die überlieferte Grabinschrift der Äbtissin **Gerswid**, die dort selbst als Gründerin des Konventes bezeichnet wurde. Hatte die männlich dominierte Kirche des Mittelalters die erste Essener Äbtissin als eigentliche Gründerin zu gegebener Zeit durch den weit prominenteren Hildesheimer Bischof Altfrid ersetzt?

Außer Frage steht, dass Altfrid durch seine kirchenpolitische Tätigkeit und als Ratgeber Ludwigs des Deutschen zu den einflussreichsten Geistlichen seiner Zeit gehörte. Ob Altfrid und Gerswid allerdings in einem verwandtschaftlichen Verhältnis zueinanderstanden, ob sie gar seine Schwester war, wie man in Essen allgemein annimmt, ist nicht restlos belegt. Ebenso wenig ist nachgewiesen, dass Altfrid und Gerswid in Essen geboren wurden und hier ihre Kindheit verbrachten. Trotzdem ist naheliegend, dass beide als Angehörige einer Gruppe sächsischer Adeliger die Gründung des Stiftes gemeinsam vollzogen. Es könnte sich dabei sogar um die Familie der Liudgeriden gehandelt haben, aus der auch der Gründer von Werden, Liudger, hervorging. Schon zu Lebzeiten verfügte Altfrid, nicht im Hildesheimer Dom, sondern in Essen bestattet zu werden. Hier wurde er bald als Gründer der geistlichen Gemeinschaft und schließlich sogar als heilig verehrt. In der Kirche stellte man seine Grabtumba auf. Trotzdem sind kaum bildliche Darstellungen des Ortsheiligen bekannt, die auf eine besonders intensive Verehrung schließen lassen, wie sie dann mit der Gründung des Bistums 1958 einsetzte.

Als möglicher Standort für ein Altfrid-Denkmal wurde 1887 die traditionsreiche **Alfrediquelle** im Ostviertel auserkoren, deren Wasser einen Brunnen speiste, den man auf Plattdeutsch „sünt Alfridi´s Pütte" oder auch „de Alfredipumpe" nannte. Von alters her wurde sie mit dem Heiligen in Verbindung gebracht. „Ihrem kühlen, krystallklaren Wasser haben die Vorfahren eine heilkräftige Eigenschaft gegen Augenleiden zugeschrieben", erinnerte man sich in einem Bericht der Essener Volks-Zeitung vom 15. August 1887. „Aber zweifellos hat der Boden ringsum eine eigenthümliche Weihe erhalten durch den hl. Alfredus selbst, sei es, daß derselbe als Knabe in dem damaligen, von gefiederten Sängern belebten, kleinen Seitenthale fröhlichen Jugendspielen nachging, sei es, daß er später bei Gründung der Abtei Asnide auf dem väterlichen Erbgute zu jenem Brünnlein wandelte, um sich an dem klaren, kühlen Trunke zu erfreuen." Bis in die 1860er Jahre speiste die Quelle als Teil der Trinkwasserversorgung einen Brunnen, der allerdings dem Ausbau einer Ringstraße rund um den Altstadtkern zum Opfer fiel. Nachdem die Quelle durch den Bergbau schon vorübergehend versiegt war, sprudelte sie inzwischen wieder kräftig. Es lag nahe, einen neuen Brunnen zu bauen und ihn als Denkmal monumental auszustatten.

Mineralwasser-Werbung 1892

Die weitere Planung kam jedoch nur langsam voran, weil es unter den Stadtverordneten keine Einigkeit über den Brunnen und die beträchtlichen Kosten gab. Der Essener Tiefbauunternehmer Wilhelm Kerksiek, der im Umfeld Häuser errichten wollte, erwarb das Gartengrundstück mit der Quelle und legte eine provisorische Leitung bis auf ein städtisches Terrain an der früheren Töchterschule II an, um das Quellwasser, das man zum Beispiel Typhuskranken verabreichte, zugänglich zu machen. Die angeblich heilsame Wirkung machte sich 1892 der **Mineralwasser-Fabrikant Leo Schubert** zu nutze. Er leitete das Wasser in seine Fabrik in der heutigen Söllingstraße, um es zur Herstellung von Selterswasser der Marke „Alfredi-Brunnen" zu nutzen. Der Stadtchemiker Dr. Hilberg attestierte die Unbedenklichkeit und bescheinigte dem Wasser sogar einen „erfrischenden Geschmack". Für die Flaschen ließ Schubert ein Etikett entwerfen, das eine Staute Altfrids mit der Gründungsurkunde in der Hand zeigte. 1894 wurde der Bischof ein zweites Mal als Geschäftsidee entdeckt, diesmal vom „Verein zur Errichtung und Unterhaltung einer Wasser- und Naturheilanstalt in Bredeney". Die Investoren wollten ein Sanatorium nach dem System des Pfarrers Kneipp mit Kurhaus und ca. 50 Fremdenzimmern betreiben, das 1895 unter der Bezeichnung **„Alfredusbad"** eröffnet wurde. Den Namen hatte man „mit Rücksicht auf den hehren Gründer der Stadt Essen, den heil. Alfried, sowie auf unseren weltberühmten Mitbürger Herrn Alfred Krupp" gewählt.

Und was wurde aus der Alfrediquelle im Ostviertel? Statt eines Denkmals finanzierte der Essener Verschönerungsverein eine gärtnerische Anlage mit Grotte, Teich und Fontäne, die als „Alfrediplatz" ein beliebtes Ausflugsziel wurde. Der Wirt J. Rösgen an der Engelbertstraße lud 1894 zu „Freikonzerten" ein. Zu trinken gab es dabei kein Quellwasser, sondern große Gläser Bier zu zehn Pfennig. Heute erinnern nur noch die Straßenschilder von „Alfredistraße" und „Alfrediquelle" an diesen bemerkenswerten Ort. Immerhin schmückt seit 1954 als Teil einer Portalanlage ein von Ewald Mataré entworfenes Relief das heutige **Bischofshaus am Burgplatz**. Neben Altfrid ist hier auch Gerswid im Gewand einer Äbtissin dargestellt. Beiden sieht man ihre Freude noch an, die sie bei der Gründung Essens empfunden haben mögen.

Altfrid und Gerswid am Bischofshaus

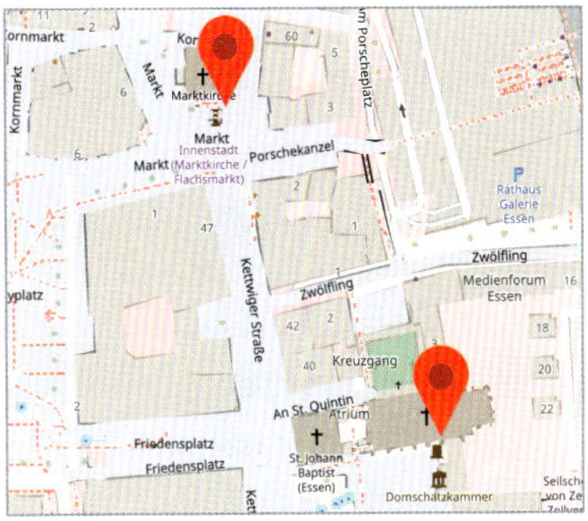

Markt
45127 Essen

Dom
An St. Quintin 3
45127 Essen

06 | Innenstadt | Marktkirche und Dom
Die Stadt der Toten

In der Vergangenheit war der Tod ein ständiger Begleiter. Die Menschen waren sich des kommenden Gerichts bewusst und erhofften sich eine Wiederbelebung ihrer Körper. Durch die direkte Nachbarschaft der Wohn- und Arbeitsstätten zu den Kirchhöfen blieben die Verstorbenen im Alltag präsent. Die Lebenden und die Toten bildeten eine imaginäre Gemeinschaft. Auch in Essen verbirgt sich unter der Stadt der Lebenden eine solche der Toten. Größere Areale im Stadtkern dienten in früheren Jahrhunderten als Friedhöfe. Hygienische Bedenken, die Gestorbenen hier beizusetzen, gab es nicht. Allein am Burgplatz, wo sich der allgemeine Begräbnisplatz der Bevölkerung befand, zählte man zuletzt 2.000 Grabstellen. Die ältesten bislang hier gefundenen Gebeine unter der heutigen Kettwiger Straße reichen bis in das 6./7. Jahrhundert zurück. Auf dem Marktberg fanden all jene ihr Grab, die keine Bürgerrechte besaßen. Der evangelische Friedhof, auf dem unter anderem Friedrich Krupp 1826 bestattet wurde, lag auf dem Weberplatz. Erst jüngst wurden hier bei Bauarbeiten diverse Grabstätten und ein noch gut erhaltener Holzsarg entdeckt.

Ein hohes Ziel war es, in einer der Kirchen bestattet zu werden. Die Kirche St. Gertrud, heute **Marktkirche** genannt, diente lange Zeit und selbst noch nach der Reformation als bevorzugte Grablege für das Essener Bürgertum. Die einzelnen Handwerkerzünfte, Ratsherren und andere wohlhabende Familien hatten die Kirche regelrecht unter sich aufgeteilt. Schon zu Lebzeiten konnte man die Gruben besichtigen, die angesichts ihrer begrenzten Verfügbarkeit

Barenbroch-Tafel in der Marktkirche

Marktkirche vom Flachsmarkt aus

heiß begehrt waren. Erst 1796 wurde dieser durchaus lukrative Brauch wegen der damit verbundenen „pestilenzialischen Ausdünstungen" untersagt. Beim Wiederaufbau der Kirche nach dem Zweiten Weltkrieg entdeckte man gleich mehrere Grabkammern, in denen noch Knochen und die Reste von übereinander gestapelten Särgen vorhanden waren. Alle gefundenen Gebeine wurden erneut unter dem Altar der Kirche bestattet.

Das **Epitaph für Heinrich Barenbroch** gehört zu den jüngsten Ausstattungsstücken der Kirche. Es wurde erst anlässlich des Reformationsjubiläums 2013, 450 Jahre nach Einführung der Reformation in Essen, aufgehängt. Es zeigt das Wappen Barenbrochs und trägt die lateinische Inschrift „Henricus Kempensis – Primus purioris doctrinae concionator Essendiensis". Das Wirken des Theologen ist eng mit der Geschichte der Kirche verbunden. In der Marktkirche waren zum Weihnachtsfest 1560 spontan mit „Eifer und Ernst" deutsche Weihnachtslieder gesungen worden. Ende April 1563 gelang es dem zum Handeln gedrängten Rat, den Lutheraner Barenbroch, auch Heinrich von Kempen genannt, nach Essen zu holen. Er predigte zum ersten Mal am 28. April in der Kapelle des Hospitals am jetzigen Kopstadtplatz. Danach gab er am 2. Mai in der heutigen Marktkirche den Gläubigen Brot und Wein beim Abendmahl, um ein sichtbares Zeichen für den neuen Glauben zu setzen. Mehr als 500 Bürgerinnen und Bürger nahmen an diesem Gottesdienst teil, der als „Essener Reformationstag" in die Geschichte einging. Ab Dezember 1563 hielt sich Barenbroch erneut in Essen auf und fand breite Anerkennung in der Bevölkerung, die sein Bleiben sogar erzwingen wollte. Im Jahr darauf wurde deshalb das Rathaus belagert und der Rat vorübergehend darin festgesetzt. Endgültig wurde Barenbroch erst 1573 als lutherischer Pastor nach Essen berufen. Er unterstützte den Rat bei der Aufstellung von elf Predigtartikeln, welche die Theologen auf die Abendmahlslehre nach der Augsburgischen Konfession festlegten. Das Dokument unterschrieb er mit der lateinischen Zeile, die heute auf der Tafel zu lesen ist, als „erster Essener Prediger reiner Lehre". 1587 fand er vor der Tür zur Sakristei, links vom heutigen Altar, seine letzte Ruhestätte.

Zahlreiche Hinweise auf Bestattungen lassen sich in der heutigen **Domkirche, der früheren Essener Stiftskirche**, finden. Die Memoria, also das liturgisch begleitete Totengedenken, gehorte zu den beständigen Aufgaben der Stiftsfrauen. Das Stift galt vor rund 1.000 Jahren wegen seiner Nähe zum ottonischen Kaiserhaus neben Quedlinburg und Gandersheim als eines der ranghöchsten Frauenkonvente des Reiches. Einen frühen Beleg für die Memoria zeigt der **Siebenarmi-**

Westchor des Domes mit Leuchter

ge Leuchter. Auf einem großen Knauf oberhalb des Fußes ist zu lesen: „Mahthild abbatissa me fieri iussit et Christo consecravit", also „Äbtissin Mathilde befahl, mich zu fertigen und weihte mich Christus". Mathilde, eine Enkelin Ottos des Großen, stand von 971 oder 973 bis 1011 dem Essener Frauenstift vor. Sie zählte damals zu den einflussreichsten Frauen im Reich und wird daher seit 2024 am Domschatz mit einem „FrauenOrt" des Frauenrates NRW geehrt. Zu ihren besonderen Verdiensten gehörte die Förderung von Kunst und Kultur. Mathilde be-

Grabplatte der Elisabeth von Bergh-s´Heerenberg

reicherte den Kirchenschatz und die bedeutende Stiftsbibliothek. Außerdem ließ sie den berühmten Westbau errichten, in dessen Mitte der Siebenarmige Leuchter heute steht. Mit der Stiftung des Leuchters war die Erwartung verbunden, dass die Stiftsfrauen für Mathilde und ihre Familie beten würden, wovon man sich einen zusätzlichen Beistand bei Gott erhoffte.

Die Bestattungspraxis in der Stiftskirche spiegelte die Organisation des Stiftes wider. So wurden die Stiftsfrauen östlich des Gräfinnenchores beigesetzt, die Kanoniker, also die das Stift betreuenden Geistlichen, erhielten ihr Grab im „Papenkerkhof" im Atrium. Die Seitengänge des Atriums waren für die Ministerialen, also die Beamten des Stiftes, reserviert. In der Stiftskirche selbst wurden vor allem die Äbtissinnen begraben. Hieran erinnert eine in Antwerpen gefertigte Grabplatte, auf der sehr lebensecht die 1614 mit nur 34 Jahren an Windpocken verstorbene **Elisabeth von Bergh-s´Heerenberg** in Lebensgröße wiedergegeben ist. Sie trägt einen schwarzen Mantel und eine Halskrause. Ihr Kopf ruht auf einem Kissen, als würde sie schlafen. Die Hände hat sie wie zum Gebet gefaltet. Ihr Bleisarg wurde im Ostjoch des nördlichen Seitenschiffes, also ganz in der Nähe des Epitaphs gefunden. Wie Walther Zimmermanns Bericht von 1956 zu entnehmen ist, ähnelt die Darstellung der tatsächlichen Bestattungssituation: „Skelett mit z. T. erhaltenen Kopfhaar, Schädel mit Resten einer Haube auf einem Kissen ruhend, auf der Brust eine Gewandschließe aus Öse und Haken (silbervergoldet mit gegossenem Zierrat aus Karyatiden und Masken), beim rechten Beckenknochen Lederrest, vermutlich eines Gebetbuchs, vom Brustbein bis Becken dichte Reihe kugliger, tuchbezogener Holzknöpfe und Gewandreste, bei den Füßen Rest eines bestickten Pantoffels [...]"

Zu einer ganz anderen Form des Gedenkens lädt die frühere Sakramentskapelle des Domes ein. Der Düsseldorfer Künstler Prof. Thomas Kesseler gestaltete hier vor wenigen Jahren einen Erinnerungsort für **Nikolaus Groß** (geb. 1898). Als christlicher Arbeiterführer und Chefredakteur der Westdeutschen Arbeiterzeitung engagierte sich Groß im Widerstand gegen den Nationalsozialismus und wurde dafür vor dem Volksgerichtshof in Berlin zum Tode verurteilt und 1945 hingerichtet. Seit 2001 ist er der erste „Selige" des Ruhrbistums. Da seine Leiche verbrannt wurde, ist Groß nur in medialen Zeugnissen überliefert. Neben wenigen Fotos sind es vor allem die Briefe, die er ab September 1944 aus der Haft an seine Familie schrieb. In der Kapelle ist sein Abschiedsbrief vom 21. Januar 1945 zu sehen, ein eindrucksvolles und anrührendes Dokument seiner Glaubenstreue: „Gott verläßt keinen, der Ihm treu ist, und Er wird auch Euch nicht verlassen, wenn Ihr Euch an Ihn haltet."

Marktkirche
Markt 2
45127 Essen

Dom
An St. Quintin 3
45127 Essen

07 | Innenstadt | Friedensplatz

Deutschland und Amerika – Arm in Arm

Erst seit 2024 gibt es in Essen einen „Friedensplatz", obgleich der Wunsch nach Frieden wohl so alt ist wie die Menschheit selbst. Nachdem 1945 der Krieg rund 65 Millionen Opfer und enorme Schäden gefordert hatte, schrieb die Charta der Vereinten Nationen vor, dass nur friedliche Methoden und das Völkerrecht zur Lösung internationaler Konflikte dienen sollten. An diese bis heute gültige Verpflichtung erinnert in Sichtweite des Friedensplatzes ein keramisches Wandbild. Neben einer Frau, die eine Taube aufsteigen lässt, legen sich zwei Männer kameradschaftlich gegenseitig die Arme auf die Schultern. Der Essener Bildhauer Herbert Lungwitz, der die Wandbilder am 1952 eröffneten Amerikahaus schuf, dürfte dabei an die Völker der Vereinigten Staaten und Deutschlands gedacht haben. Im Amerikahaus begegneten sich Menschen auf Augenhöhe, die sich wenige Jahre zuvor im Krieg als Feinde gegenüberstanden. Freundschaft und Völkerverständigung sollten dauerhaft den Frieden gewährleisten.

Ältere Essenerinnen und Essener erinnern sich womöglich noch an die internationale Hilfe, die der deutschen Bevölkerung in den kriegszerstörten Städten zuteil wurde: an die Kleinkinder-Speisung des Schweizer Roten Kreuzes, an die Quäker- und Schwedenspeisung für Schulkinder, an die Care-Pakete aus den USA oder die mit schwedischen Geldern finanzierten „Schwedenheime". Sie waren als Tagesstätten für die Kinder berufstätiger Mütter gedacht. Anlässlich der Einweihung der Frohnhauser Apostel-

Wandbild zur Völkerverständigung am Amerikahaus

Notkirche, die von US-amerikanischen Christen gestiftet worden war, brachte der Deutschlandvertreter des Weltkirchenrates, der dänische **Probst Halfdan Høgsbro**, die Motivation hinter diesen Maßnahmen auf den Punkt: „Die Völker, die im Kriege gegeneinanderstanden, reichen sich jetzt die Hände zur Gemeinschaft." Aber er sprach auch von „Schuld, von einer furchtbaren Krankheit, die nicht nur in Deutschland, die in allen Völkern gesessen hat".

Der von Nazi-Deutschland begonnene **Zweite Weltkrieg** hatte für Essen eine verheerende Bilanz: Neben den getöteten Soldaten waren vor allem die zivilen Opfer zu nennen: Die ersten Bombardements auf das Ruhrgebiet hatten 1940 eingesetzt, als Folge der deutschen Angriffe auf die Niederlande, Belgien, Luxemburg und Frankreich. Bis 1945 kamen allein in Essen bei über 245 Luftangriffen rund 6.500 Menschen ums Leben, darunter auch Kriegsgefangene und Zwangsarbeiter. Spätestens seit dem 11. März 1945, als alliierte Flugzeuge noch einmal 8.000 Sprengbomben über Essen abluden und etwa 900 Menschen starben, waren weite Teile der Stadt fast völlig zerstört. 15,6 Mio Kubikmeter Trümmerschutt bedeckten die Straßen und Grundstücke. Nur noch etwa 20 % der Wohnungen waren vollständig bewohnbar, mehr als 50 % von ihnen sogar völlig zerstört. Zwischen dem 31. März und dem 11. April 1945 wurde die Stadt von amerikanischen Soldaten besetzt, noch im Laufe des Monats April ging sie in britische Hände über. Auch an die Essener Bevölkerung war die Botschaft des britischen Feldmarschalls Bernard L. Montgomery vom 10. Juni 1945 gerichtet, in der es hieß: „Ihr denkt, daß nicht Ihr, sondern Eure Führer für diese Dinge verantwortlich sind. Aber diese Führer sind aus dem deutschen Volk gewachsen. Die Nation ist verantwortlich für ihre Führer. Solange sie erfolgreich waren, habt Ihr frohlockt, gefeiert und gelacht."

Die Verantwortung, von der hier die Rede ist, betraf die Verbrechen Deutschlands in den von Hitler eroberten Gebieten sowie die Verbrechen an der eigenen Bevölkerung, deren Aufklärung bis in die Gegenwart andauert. Beispielhaft sei hierfür die jüngste Inschrift an der Alten Synagoge zitiert, mit der noch heute an die **Ermordung von über 2.500 Jüdinnen und Juden** in den Jahren 1939–1945 erinnert wird: „Die Essener Juden wurden schrittweise aus dem wirtschaftlichen und gesellschaftlichen Leben der Stadt ausgegrenzt und schließlich in die Ghettos und Vernichtungslager verschleppt. Ausgrenzung und Verschleppung fanden vor den Augen der Essener Bevölkerung statt, wurden weithin mit Gleichgültigkeit hingenommen, teils gebilligt, teils aktiv unterstützt." Und es gab noch viele andere Opfer des Regimes. An sie alle, an ihre individuellen Schicksale, erinnern im gesamten Stadtgebiet heute rund 450 **Stolpersteine** des Künstlers Gunter Demnig, die der Historische Verein für Stadt und Stift Essen e.V. betreut.

Viele der Menschen, die 1952 das Amerikahaus besuchten, hatten den Aufstieg des NS-Regimes miterlebt oder sogar unterstützt. Zugleich hatten sie unter den ständigen Bombenangriffen der Alliierten gelitten, hatten Familienangehörige in Essen oder an der Front verloren und in den ersten Nachkriegsjahren frieren

Friedensplatz mit Amerikahaus

und hungern müssen. Sowohl ihre Täter- als auch ihre Opferrolle war noch lange nicht aufgearbeitet, als man nun daran ging, sie wieder in die „freie Welt" aufzunehmen. Orte, wo dies geschehen konnte, waren die von den USA betriebenen Amerikahäuser. Das **Amerikahaus Ruhr** in Essen war dabei das erste Gebäude, das eigens für diesen Zweck in Europa errichtet wurde. Hier wollte man Einblick in das Leben der Alltagsamerikaner gewähren, mit allen Licht- und Schattenseiten, um das geistige Schaffen in Deutschland im Sinne einer freiheitlich-demokratischen Nachkriegsordnung zu fördern. Im Amerikahaus, so versprach der amerikanische Hochkommissar John Jay McCloy zur Eröffnung, würde man vor allem „der Aufgeschlossenheit und Toleranz begegnen". Dabei baute man auf Freiwilligkeit. „Niemand muß kommen und niemand braucht wiederzukommen", betonte McCloy.

Wie die übrigen Wandbilder der Fassade mit den drei Lebensaltern und Allegorien von Schönheit und Musik andeuten, richteten sich die kulturellen Angebote im Haus an alle Generationen. Es gab ein Filmarchiv mit allem, was lange Zeit in Deutschland verboten war, eine reichhaltige Bibliothek mit zunächst 18.000 Bänden, eine zitronengelb gestrichene Jugendbücherei mit roten, gelben und blauen Tischen. Das Amerikahaus Ruhr bot aber auch – neben englischer Konversation – Musik, Theater, Vorträge und Filmvorführungen. Hierfür gab es ein Auditorium mit Bühne und Leinwand, in dem auch Diskussionsrunden geplant waren. Im ersten Jahr kamen täglich durchschnittlich 1.400 Gäste. Zusätzlich gab es eine „Bibliothek auf Rädern", die von Essen aus in die entlegenen Städte und Gemeinden fuhr. Die Amerikahäuser standen für die Ideale von Frieden und Freiheit und waren von einer pazifistischen Grundstimmung geprägt, die im Slogan **„Nie wieder Krieg!"** (den Käthe Kollwitz schon 1924 auf ihrem berühmten Plakat verewigte) zum Ausdruck kam. Dieser unbedingte Appell beruhte auf realen Kriegserfahrungen der damals lebenden Menschen. Die Vorstellung, dieses Ziel vorrangig mit den Mitteln der Völkerverständigung zu erreichen, wurde schon wenige Jahre später durch die Strategie der Abschreckung und durch das „Gleichgewicht des Schreckens" abgelöst, in dem sich die Atommächte gegenüberstanden.

Neues Straßenschild am Friedensplatz

Europahaus (Stratmanns Theater)
Kennedyplatz 7
45127 Essen

08 | Altendorf
Die Kruppsche Bierhalle

Der auf künstlichen Hügeln angelegte Krupp-Park bietet ein abwechslungsreiches Landschaftsbild, fantasievolle Wanderwege und atemberaubende Fernsichten, unter anderem auf die neue Thyssen-Krupp-Hauptverwaltung, den „Altendorfer Dom" oder das „Kronenberg Center" an der Haedenkampstraße. Nur wenige Meter entfernt steht ein Bauwerk mit dunklen, vom Ruß geschwärzten Ziegelmauern. Die frühere „Kruppsche Bierhalle" erinnert an die Krupp-Kolonie Kronenberg und war lange Zeit ein Zentrum des kulturellen und gesellschaftlichen Lebens in Altendorf. Selbst der Kaiser war hier zu Gast.

Außerhalb der Essener Stadtmauern, weit vor dem Limbecker Tor an der heutigen Altendorfer Straße bestand schon seit unbekannter Zeit die Gastwirtschaft „Crone", ein Ausspann- und Rastplatz für die Fuhrleute, die auf der Landstraße verkehrten. Hier empfing am 23. Oktober 1833 der Borbecker Bürgermeister mit Delegation und Volksmenge den durchreisenden preußischen Kronprinzen und späteren König Friedrich Wilhelm IV. Besonders wird sich der Kronprinz für die industriellen Anlagen im Umfeld interessiert haben. Am nahen Sälzerbach lag die Zeche Sälzer & Neuack, die erste Tiefbauzeche weit und breit. Und etwa 800 Meter entfernt stand der Schmelzbau des Friedrich Krupp, Keimzelle der **Krupp-Gussstahlfabrik**. Als Alfred Krupp nach dem 1871 gewonnenen Krieg gegen Frankreich am Rande seiner Fabrik eine Arbeiterkolonie errichten ließ, nannte man sie nach der Crone schlichtweg Cronenberg bzw. **Kronenberg**. Auf den Ländereien der Crone und dem „Barkhoffs Feld" entstand eine regelrechte „Kruppsche Neustadt" für zunächst über 8.000 Menschen. Nicht zuletzt die

Krupp-Park mit Hauptverwaltung

Die Kruppsche Bierhalle

Ansiedlung der Krupparbeiter und ihrer Familien rechtfertigte 1874 die Gründung der Bürgermeisterei Altendorf im Rheinland, deren Gebiet bisher zu Borbeck gehört hatte. Sie galt schon nach wenigen Jahren als die größte Landbürgermeisterei im Deutschen Reich.

Im Zentrum der Siedlung entstanden nach und nach der Krupp-Konsum, wo die Belegschaft die Waren des täglichen Bedarfs preiswert erwerben konnten, außerdem eine Post, ein Magazin und ein Marktplatz mit Park. Schon bald gab es mehrere Volksschulen und sogar einen eigenen „Bahnhof Kronenberg", der heute „Essen-West" genannt wird. Die Straßen, an denen die dreigeschossigen Reihenhäuser standen, wurden mit Buchstaben bezeichnet. Gegenüber der Restgemeinde, wo die Häuser nach Sektionen durchnummeriert waren, stellte dies einen klaren Vorteil dar. Die Straße an der Bierhalle erhielt erst nach der Eingemeindung den Namen Margaretenstraße und wurde schließlich 1915 nach einem Prokuristen und Beamten der Firma Krupp, Hermann Haedenkamp, benannt.

Zunächst gab es in der Siedlung nur eine Holzbaracke, die als „Menage" diente. Dann wurde am Markt 1886 die **Bierhalle Kronenberg** gebaut und vom Kruppschen Konsum als „Restauration" verpachtet. Die Bierhalle besaß zwei größere Gastzimmer im Erdgeschoss und einen Saal im Obergeschoss. 1888 wurde der noch heute bestehende Anbau mit Saal und Toilettenanlage erstellt. Mit einer Grundfläche von etwa 440 Quadratmetern, einer umlaufenden Empore und einer Bühne mit Vorhang war der Saal multifunktional nutzbar. Es gab ein mechanisches „Orchestrion", das im Bedarfsfall ein ganzes Orchester imitieren konnte. In der Bierhalle versammelten sich die örtlichen Vereine und hier traf man sich an Weihnachten oder im Karneval. So ist überliefert, dass beim Fasching 1888 ein Kruppscher Arbeiter auf dem Weg zur Bierhalle, wo er mit seinen Freunden feiern wollte, eine Treppe herunterfiel und sich das Genick brach. Man fand den kostümierten Toten erst am nächsten Morgen. Ein Höhepunkt in der Geschichte der Bierhalle zwar zweifellos der 21. Juni 1890, als Kaiser Wilhelm II. hier die Arbeiterdeputationen aus den verschiedenen Werkstätten der Gussstahlfabrik Krupp empfing und vor ihnen eine Ansprache hielt.

Auf Anregung des Deutschen Vereins Altendorf und des Kriegervereins Kronenberg wurden im Saal schon bald Theateraufführungen veranstaltet, die von der Essener Theatergesellschaft unter Leitung ihres Direktors Albert Berthold organisiert wurden. Berthold leitete in Essen das von der Familie Krupp protegierte „Vaudeville-Theater", das als Vorläufer des Stadttheaters gilt. Allein im Winterhalbjahr 1889/90 wurden in der Bierhalle zwölf Vorstellungen gegeben, die auch von der Essener Bevölkerung fleißig besucht wurden. 1899 ließ die Firma Krupp auf dem Marktplatz vor der Bierhalle einen Musikpavillon aufstellen, in dem das städtische Orchester während der Sommermonate gastierte.

In der Bierhalle wurde viel geboten, etwa als 1893 für die Schulkinder ein ganzer Zoo in den Räumen gastierte. Es wurden seltene lebende Tiere gezeigt wie Ameisenbär, Wüstenspringer, Felsen-Känguru und verschiedene Affenarten. Auf das engste verbunden ist die Bierhalle mit der Geschichte des **Kruppschen Bildungsvereins**, der 1899 hier gegründet wurde und fortan direkt neben der Halle sein Vereinsbüro unterhielt. Der Verein bot „Volksunterhaltung", vor allem aber Vorträge „aus allen Gebieten des Wissens" an. So wurden 1899 von Ottomar Anschütz, einem Pionier der Fototechnik, Lichtbilder der Palästinafahrt des deutschen Kaiserpaares gezeigt. Die Kaiserin selbst hatte einige der Fotos geschossen.

In der Bierhalle fand 1904 die erste **Jubilar-Ehrung der Firma Krupp** statt. 1.100 Arbeitern, die 25 Jahre oder länger auf dem Werke beschäftigt waren, überreichte Margarethe Krupp zusammen mit ihren Töchtern ein Geldgeschenk von je 100 Reichsmark und eine goldene Vorstecknadel mit den Krupp-Ringen. Zwei Jahre später feierten hier die Kruppschen Beamten, also die Verwaltungsmitarbeiter des Unternehmens, die Hochzeit von Bertha Krupp mit Gustav von Bohlen und Halbach. Während in der Bierhalle der Hochzeitsmarsch angestimmt wurde, fand zeitgleich die Eheschließung in Anwesenheit des Kaisers auf der Villa Hügel statt. Die Versammlung gratulierte den Jungvermählten und der Brautmutter per Glückwunschtelegramm.

Am Beginn des Ersten Weltkrieges erhielt der große Saal neue Sanitär- und Garderobenanlagen, das alte Vorderhaus wurde abgerissen und bis 1916 durch den heutigen Ziegelbau mit Stehbierhalle und drei Vereinssälen ersetzt. Im Jahr zuvor waren in direkter Nachbarschaft drei Baracken für die Unterbringung von ledigen Krupparbeiterinnen und -arbeitern errichtet worden und auch die Bierhalle wurde im Januar 1916 zu einem Arbeiterheim umgewidmet. Erst nach Kriegsende fanden hier wieder Veranstaltungen statt. So feierte die Freie Schule Gervinusstraße 1925 die Wintersonnenwende in der Bierhalle. Der Greis, der den Kindern die Geschenke überreichte, wurde „Sunnwenndmann" genannt. Eine Zäsur stellt das Jahr 1926 dar. Der große Saal wurde zum Kinotheater umgewidmet. Die **Moderne Lichtspiele** (später „Capitol-Filmtheater") boten vor allem Ufa-Filme und -Wochenschauen. Auch das Umfeld der Halle sollte sich schon bald

Altendorfer Dom
vom Park aus

Prächtige Galerie am
Altendorfer Dom

grundlegend verändern, denn die inzwischen nicht mehr zeitgemäße Siedlung Kronenberg wurde zum Abriss bestimmt. Ab 1938 wurden 1.070 der 1.400 Werkswohnungen abgebrochen. Die „Gaststätte Kronenberg" bestand noch bis 1957, das „Capitol-Filmtheater" wurde bis 1963 betrieben. Heute dient der geschichtsträchtige Gebäudekomplex als freikirchliches Gemeindezentrum.

„Altendorfer Dom"

Auch die Feier zur Einweihung des „Altendorfer Domes" St. Mariä-Himmelfahrt fand 1892 in der Bierhalle statt. Der imposante Bau des Straßburger Dombaumeisters Franz Schmitz an der Helenenstraße fasste ursprünglich 3.000 Personen.

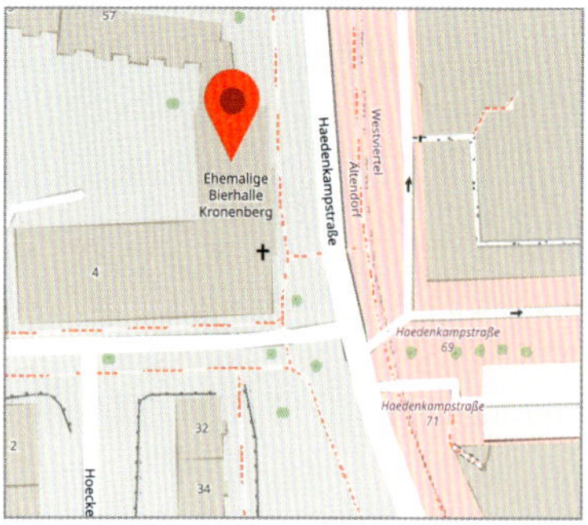

Ev. Freik. Gemeindezentrum
(Kruppsche Bierhalle)
Haedenkampstraße 30
45143 Essen

09 | Altenessen
Erholung am Kaiserbrunnen

Um den hundertsten Geburtstag von Wilhelm I. zu würdigen, wurde der Kaiser-Wilhelm-Park mit einer Fläche von über acht Hektar angelegt. Die Bürgermeisterei Altenessen wollte mit diesem „Volkspark" die Gesundheit der Bevölkerung fördern, ganz im Sinne der Lebensreformbewegung. Dies kam vor allem den Arbeiterfamilien zugute, die unter beruflichen Strapazen oder industriellen Ausdünstungen litten. Im Park fanden sie Erholung und geeignete Flächen für sportliche Ertüchtigung im Freien. Statt eines kunstvollen Netzes von Spazierwegen, wie man es üblicherweise in den „Stadtgärten" gewohnt war, gab es Wiesen, die betreten werden durften, Spiel- und Sportflächen, Gondelteich und Tennisplatz. Unkonventionell war auch der Kaiserbrunnen, der 1904 im Park aufgestellt wurde: Statt des Monarchen hoben die Altenessener mit Schmied und Bergmann die Werktätigkeit auf den Sockel.

Das erforderliche Grundstück für den Park erwarb die Gemeinde von den Landwirten Holbeck und Westerdorff. Eine weitere Teilfläche stiftete 1898 der „Mitbürger" Heinrich Spindelmann, woran ein besonderer Gedenkstein im Park erinnert. Für die dauernde Unterhaltung der Parkanlage steuerten die wichtigsten Arbeitgeber am Ort, sowohl der Kölner Bergwerksverein als auch die Bergbau-Gesellschaft Neu-Essen, erhebliche Geldmittel bei. So war es möglich, eine eigene Gärtnerei mit Gewächshaus zu bauen und einen Gärtner einzustellen. Zur vorläufigen Einweihung des Parks am 21. März 1897 wurde eine „Kaiser-Eiche" gepflanzt. Zuvor hatte die Gemeinde die allerhöchste Erlaubnis erhalten, die Anlage **Kaiser-Wilhelm-Park** nennen zu dürfen. Nach Entwurf des Düssel-

Im Kaiser-Wilhelm-Park

dorfer Gartenarchitekten Fritz Gude wurde der Park schon bald weiter ausgestaltet und verfügte nun über einen ersten Teich mit Springbrunnen, zwei Fußgängerbrücken, ein Geflügelhaus und breite Kieswege. Es entstand die bis heute gültige Anmutung der Anlage mit weiten Wiesenflächen und markanten Baumgruppen.

Als **erster Volkspark im Landkreis Essen** erregte der Kaiser-Wilhelm-Park einiges Aufsehen und diente als Vorbild für ähnliche Anlagen in Kray, Oberhausen, Herne oder (Duisburg-)Meiderich. 1902 zog die Gemeinde selbst eine erste positive Bilanz: „Der Park erfreut sich eines immer regeren Besuches von Alt und Jung: für viele unserer Bürger ist er ein ständiger Erholungsort geworden. Die Gehölzgruppen haben sich in den wenigen Jahren derart entwickelt, daß sie hier und da schon gelichtet werden mußten. Die Blumengruppen und Teppichbeete wurden, soweit das Material der noch jungen Gärtnerei und die zur Verfügung gestellten Geldmittel es zuließen, fortgesetzt vermehrt." Allerdings kam es immer wieder zu Sachbeschädigungen, so dass der Park umzäunt und in der Nacht bewacht werden musste. Im September 1902 wurden sogar aus dem Hinterhalt neun bis zehn Schüsse auf den Parkwächter abgegeben, von denen glücklicherweise keiner traf. Als Täter wurden zwei Männer ausgemacht, die sich im Park herumgetrieben hatten.

1904 wurde der Park erheblich erweitert. Neben einem Tennisplatz gab es nun den bis heute erhaltenen „Kahnteich" mit Insel und Ruderbooten, der im Winter als Eisbahn dienen sollte. Außerdem wurden nach und nach eine Selterswasserbude, Volieren für Vögel und ein Musikpavillon gebaut. Auf dem ungewöhnlich großen Kinderspielplatz fanden 1904 erstmals „Jugendspiele" der örtlichen Volksschulen statt. Zahlreiche Gruppierungen wie beispielsweise der „Verein für Ferienspiele erholungsbedürftiger Mädchen" oder der „Wöchnerinnen Fürsorgeverein" veranstalteten im Park Gartenfeste, etwa im Stile eines „Strandfestes auf Helgoland" einschließlich Gondelfahrten und Lampion-Schmuck. Zu einer Zeit, in der sich die Arbeiterbevölkerung Urlaubsreisen kaum leisten konnte, bot der Kaiser-Wilhelm-Park die Möglichkeit, Ablenkung vom kargen und knochenharten Arbeitsalltag zu erfahren.

Die Umgebung des Parks wollte die Gemeinde zu einem bevorzugten Wohnquartier ausbauen, woran einige prachtvolle Villen an der Stankeitstraße erinnern. Hier wurde zudem ein Spiel- und Turnplatz angelegt, der vom Traditionsverein BV Altenessen 1906 bis heute genutzt wird. Direkt daneben wurde 1914 eine **Jugendhalle** der „Stankeit-Stiftung" mit Saal eingeweiht. Altenessen war die erste Landgemeinde im gesamten Regierungsbezirk Düsseldorf, die einen Ministerialerlass zur planvollen Jugendpflege von 1911 umsetzte. In der Halle, die als das erste Jugendheim im Landkreis Essen in die Geschichte einging, „sollten durch Pflege der körperlichen und geistigen Kultur Menschen von echter vaterländischer Gesinnung herangebildet werden", wie Bürgermeister Theodor Stankeit bei der Einweihung betonte. Nach dem Zweiten Weltkrieg wurde anstelle der zerstörten Jugendhalle eine Turnhalle errichtet.

Auch für das leibliche Wohl sollte im Kaiser-Wilhelm-Park gesorgt sein. Mit einem Basar und Budenzauber eröffnete 1903 die „Parkrestauration" im Landhausstil, ein Projekt der Gemeinde. Der Erlös der Veranstaltung war zur Finanzierung des **Kaiserbrunnens** bestimmt, der bereits seit 1899 geplant war. Der Berliner Bildhauer Emil Cauer entwarf schließlich das schon anfangs erwähnte „Kaiser-Brunnen-Denkmal" mit Schmied und Bergmann. Der künstliche Felsen war mit einem heute nicht mehr vorhandenen Medaillon Wilhelm I. geschmückt. In jüngerer Zeit erhielt das Monument ein beachtenswertes Pendant: Der im Park stehende Pavillon wurde in Erinnerung an den US-amerikanischen Sänger **Chester**

Bennington künstlerisch gestaltet, der 2017 als Folge seiner langjährigen Depressionen aus dem Leben schied. Der von Fans gegründete Verein „Linkin-Park ‚The Wall' Germany e. V." versteht diesen Ort als Begegnungsstätte und Anlaufstelle für Menschen, die von Depressionen betroffen sind. So ist der Park, ganz im Sinne seiner Stifter, bis heute ein Ort geblieben, an dem die Bedürfnisse der hier lebenden Menschen im Mittelpunkt stehen.

Bergmann und Schmied

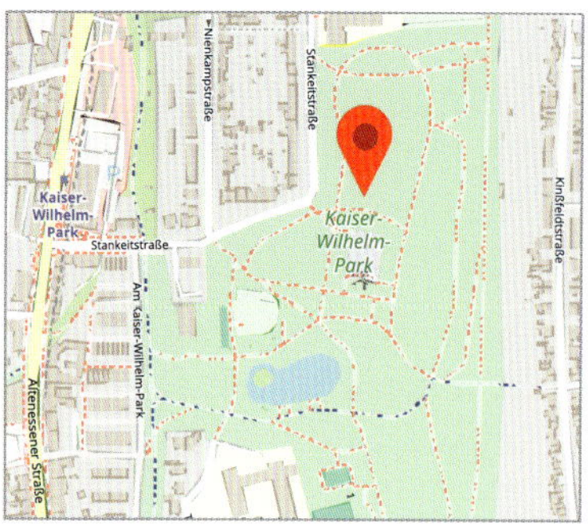

Kaiser-Wilhelm-Park
Stankeitstraße
45326 Essen

10 | Bochold
Der kaum bekannte Rittersitz am Bahnhof Bergeborbeck

Es mag überraschen, dass in der Nähe des Bahnhofs Bergeborbeck ein alter Adelssitz liegt, umgeben von einer typischen Ruhrgebiets-Landschaft mit ihrem postindustriellen Charakter. Eingefasst von modernen Anbauten hat sich am Beginn der Germaniastraße das nach den Zerstörungen des Zweiten Weltkrieges wiederhergestellte schlichte Hauptgebäude von Haus Berge erhalten. Heute dient es als Geriatrie-Zentrum. Auf sein hohes Alter verweisen die Wappen an der Fassade und archäologische Funde. Wie 1995–96 von der Essener Stadtarchäologie festgestellt wurde, waren die in den Boden gerammten Pfähle, auf denen Haus Berge errichtet wurde, 1254 gefällt worden. Scherben Pingsdorfer Art deuten aber auf eine Besiedlung hin, die in das 10./11. Jahrhundert zurückreicht. Vermutlich ging Haus Berge aus einer Hügelburg, einer „Motte“, hervor. Auch später waren Herrenhaus und Wirtschaftsgebäude von einer breiten Gräfte umgeben, die vom Borbecker Mühlenbach gespeist wurde. Überregionale Bedeutung erlangte Haus Berge als Bahnstation und Kristallisationspunkt der Industrie im Verlaufe des 19. Jahrhunderts.

Das **Rittergeschlecht oppen Berge**, das seit 1291 belegt ist, besaß nicht nur eine Burg am Standort des heutigen Schlosses, sondern auch umfangreichen Landbesitz, Fischerei und Fischteiche, Mühlen und Wildpferde im Emscherbruch. Die Aufsitzer waren Ministerialen, die später auch das Marschallamt des Stiftes erlangten. Nach 1528 kam das inzwischen überschuldete Gut an die

Haus Berge als Geriatrie-Zentrum

Adelswappen
am Haus Berge

Familie von der Recke. Da Ritter Franz von der Recke mit den **Wiedertäufern** paktierte und nach der Rückeroberung von Münster durch den Fürstbischof Franz Graf von Waldeck einige Geflüchtete bei sich auf Haus Berge aufnahm, ließ ihn Essens Äbtissin Sibylle von Montfort verhaften. Er durfte erst auf sein Haus zurückkehren, nachdem er feierlich abgeschworen hatte. Als sein ältester Sohn und Erbe in Livland ertrank, erhob sein Schwager Georg von Asbeck Anspruch auf den Rittersitz und nahm ihn gewaltsam ein. Noch heute sind Wappensteine der Familien Asbeck und Swansbell am Herrenhaus angebracht, die das frühere Torhaus des Anwesens schmückten. 1794 verkaufte Calixtus Menolphus von Asbeck das Rittergut an das Essener Stiftskapitel. Die hochadeligen Stiftsfrauen ließen die Burg in ein ländliches Sommerschloss umgestalten, um die stillen Freuden des Landlebens zu genießen.

Nachdem 1802 das Stift Essen an Preußen gefallen war, pachtete **Christian Joseph Philipp Leimgardt**, der bisherige Rentmeister, das Haus Berge. Leimgardt wurde 1808 unter französischer Herrschaft erster Maire, also Bürgermeister, der neugegründeten Landgemeinde Borbeck. Später ersteigerte der evangelisch getaufte Graf **Ottomar von der Recke-Volmerstein** den Besitz. Ein Wendepunkt trat ein, als 1844 die Köln-Mindener Eisenbahn-Gesellschaft beschloss, die erste Eisenbahnstrecke der Region über Oberhausen, Haus Berge und Altenessen zu führen. Die erste Dampflokomotive hielt am 13. November 1846 am Herrenhaus und wurde mit Jubel begrüßt. Ab dem Folgejahr war die Gesamtstrecke von Köln bis Minden befahrbar. Der **„Berge-Borbeck"** genannte Bahnhof diente vor allem als Verladestation für die in Altendorf und Essen geförderten Kohlen. Bis zum Bau der Bergisch-Märkischen Bahnlinie über Essen 1862 war die Station auch ein wichtiger Anlaufpunkt für den Personenverkehr. Zweimal täglich war von hier aus (Köln-)Deutz und ebenso oft Berlin, in 15 Stunden, erreichbar.

Von Nachteil war, dass der Bahnhof zunächst über keinen öffentlichen Zugang verfügte. Graf Ottomar konnte im Streitfall sämtliche zum Bahnhof führenden Fahrwege „für alles und jedes Fuhrwerk ohne Ausnahme" sperren lassen, was wiederholt auch geschah. Doch auch der Graf profitierte vom Bahnanschluss. Er verkaufte einen Teil seiner Ländereien an den belgischen Industriellen Charles Détillieux. Die hier gebaute **Eisenhütte „Phönix"** verfügte über Kokshochöfen, deren Leistung mit den besten belgischen und schottischen Werken konkurrieren konnte. Fast zeitgleich entstand in der Nähe die Zinkhütte der belgischen Gesellschaft Vieille-Montagne, einige Jahre später wurde der erste Schacht der Zeche Carolus Magnus in Betrieb genommen. 1856 heißt es in einer Reisebeschreibung: „Berge-Borbeck, einst ein Lustschloß […], ist jetzt ein Rittergut, das einen Teil seines Areals zu den grossen Hochofenanlagen des ‚Phönix' hergegeben hat, an denen die Schienenstraße sich unmittelbar entlangzieht. Die Eisenbahn führt uns weiter nach Oberhausen, mitten in eine Landschaft, welche eine Staffage von nordamerikanischem Gepräge hat."

Am 29. April 1858 brach im Herrenhaus ein Feuer aus. Obwohl die Werksfeuerwehren der Essener Krupp-Fabrik und der Zinkhütte zu Hilfe kamen, brannte alles nieder. Da das Anwesen gut versichert war, wurde das Gebäude ab 1859 nach Plänen des Essener Kommunalbaumeisters Carl Wilhelm Freyse in klassizistischen Formen wiederhergestellt, mit einer eleganten Freitreppe und prächtigen Kachelöfen im Inneren. Graf Ottomar starb schon kurz darauf und sein Sohn bot Herrenhaus und Ländereien zum Kauf an. Der Hinweis, dass alles „äußerst vorteilhaft zu jeder industriellen Anlage gelegen" sei, deutet schon darauf hin, dass an eine Nutzung als Adelssitz nicht mehr gedacht war.

Haus Berge um 1911

Doch es zog der Essener **Landrat Leopold Devens** ein. Er stand dem erst gerade neu gebildeten Kreis Essen vor, zu dem die Bürgermeistereien Altenessen, Borbeck, Essen, Kettwig, Steele und Werden gehörten. Als er 1867 zunächst als Abgeordneter in den konstituierenden, dann einige Monate später in den regulären Reichstag des Norddeutschen Bundes gewählt wurde, marschierten beide Male zur Gratulation „Fackelzüge" und Musikkorps vor dem Herrenhaus auf. Bald darauf wurde Devens zum Kölner Polizeipräsidenten ernannt und musste Haus Berge verlassen. Am 21. Dezember ließ er sein luxuriöses Mahagoni-Mobiliar öffentlich versteigern.

Für 30.000 Taler gelangte Berge nun an die Genossenschaft der Barmherzigen Schwestern zur hl. Elisabeth, die hier ein Waisenhaus und das **erste Landkrankenhaus im Kreis Essen** einrichteten. 1878 kam es erneut zu einem Großfeuer, das nachts in den Ökonomiegebäuden ausbrach. „Hundert arme Waisen, Krüppel und Kranke hatten ihre Betten in der Angst verlassen und liefen auf dem Hof des Klosters fast nackt, wie wahnsinnig durcheinander, jammerten und schrieen entsetzlich", berichtete die Essener Zeitung am 21. Dezember. Niemand kam zu Schaden. Alle Nebengebäude wurden in den folgenden Jahren neu erbaut, einschließlich einer Kapelle im gotischen Stil. Der Betrieb wurde um ein Altenheim erweitert. Die Umgebung hatte ihren ländlichen Charakter derweil weitgehend eingebüßt. An der heutigen Haus-Berge-Straße waren stattliche Häuser, eine Post und das imposante Hotel „Kronprinz" entstanden. Nachdem zunächst der frühere Schafstall von Haus Berge ab 1868 als katholische Kirche diente, entstand bis 1888 an der Zufahrt zum Herrenhaus die wuchtige, neugotische **Basilika St. Maria Rosenkranz**. Der Entwurf stammte vom berühmten Wiener Dombaumeister

Maria-Rosenkranz-Kirche an der Zufahrt zum Herrenhaus

Friedrich Freiherr von Schmidt, der sich auch in Wien wiederholt der Ziegelbauweise bediente. Mit den 1900–1901 ergänzten Türmen mutet die Kirche geradezu wie ein „Dom" an.

Haus-Berge-Park und Schlackenpark

An die früher idyllische Lage von Haus Berge erinnert der hinter dem Herrenhaus liegende Haus-Berge-Park, in dem 2023 im Rahmen des Projekts „Essen. Neue Wege zum Wasser" ein „Miniwald" als Lebensraum für Vögel, Schmetterlinge und Insekten gepflanzt wurde. Reiche Vegetation bietet auch der nördlich der Bahntrasse an der Hafenstraße gelegene Schlackenberg mit Aussichtspunkt. Die Schlacke, aus der regelrechte Felsformationen gebildet werden, war ein Abfallprodukt der Eisengewinnung. Die ursprünglich weit größere Halde wurde im Zusammenhang mit dem Bau des Gaufeldes der NSDAP 1937 teilweise abgetragen und in einen „Volkspark" umgewandelt. Das Gaufeld auf dem früheren Phönix-Gelände war für Massenveranstaltungen gedacht, mit denen sich das Hitler-Regime inszenierte. Heute steht hier eine der größten Tennishallen Europas.

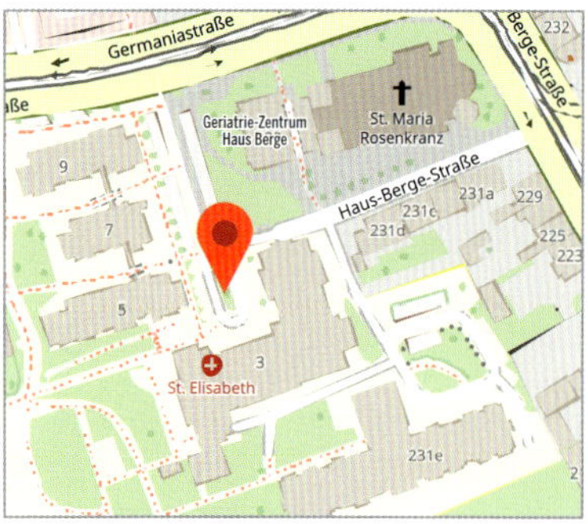

Geriatrie-Zentrum Haus Berge
Germaniastraße 1-3
45356 Essen

11 | Borbeck

Hohn, Spott und wild blickende Löwen

Wer das schmiedeeiserne Parktor am Schloß Borbeck genauer in Augenschein nimmt, kann auf dem inneren Querbalken noch die Reste einer Inschrift erkennen. Nach ihr hat der Schlosser Matthias Schmitisch das Tor erstellt. Es ist ganz in volutenartig geschwungene Ranken aufgelöst, die Wirbel und mittig eine Herzform bilden. Dort, wo sich die Ranken berühren, erscheinen rätselhafte Masken, die uns teils belustigt, teils abwehrend oder schmerzverzerrt anblicken. Einige der Fratzen strecken die Zunge heraus und die fest mit dem Rankenwerk verwachsenen Schlüssel müssen jedem Eindringling wie Hohn und Spott erscheinen. Entstanden ist das skurrile Tor zwischen 1680 und 1690 für den Park von Hugenpoet bei Kettwig. Das dortige Schloss gelangte, ähnlich wie Borbeck und Horst an der Emscher, Anfang des 19. Jahrhunderts in den Besitz der Familie von Fürstenberg. Nach seiner Hochzeit mit Anna Franziska, einer geborenen Gräfin von Wolff-Metternich, ließ Friedrich Leopold von Fürstenberg das Tor nach Borbeck bringen. Es wurde aufgearbeitet und 1864 an der Straße in die neue Grundstücksmauer eingefügt. Vermutlich bei dieser Gelegenheit wurde das Wappen der Fürstenbergs angebracht, zusammen mit zwei Löwen, die ihre Zungen herausstrecken. Heute halten die Löwen das Wappen der Stadt Essen in ihren Klauen, die das Schloss 1941 erwarb.

Das **Essener Stadtwappen** gilt als heraldisches Kuriosum. Weltweit einzigartig, besteht es bereits seit dem 17. Jahrhundert aus gleich drei Elementen. In

Parktor am Schloß Borbeck

Essener Doppelwappen am Parktor

Abwehrgeste am Parktor

der erst 1886 vom Berliner Maler Emil Doepler fixierten Form zeigen zwei Schilde ein goldenes Schwert auf blauem Grund und einen schwarzen Adler auf goldenem Grund. Es handelt sich dabei um den doppelköpfigen Adler des Heiligen Römischen Reiches Deutscher Nation, dessen Verwendung der Stadt Essen 1623 durch Kaiser Ferdinand II. gewährt wurde. Dieses Privileg untermauerte das Selbstverständnis der Stadt, die sich als „freie Reichsstadt" ansah. An das Fürstentum Essen erinnert die edelsteingeschmückte goldene Krone, die über den Schilden angeordnet ist.

Seit 1964 dient das Tor zwischen Schloss und **Wirtschaftsgebäude** als Zugang zum Park, der als einer der ältesten Landschaftsparks im Rheinland gilt. Das Wirtschaftsgebäude mit Bäckerei, Brauerei, Küchen, Schreinerei, Wagenremise und Gesindezimmern ließ der Freiherr Clemens von Fürstenberg-Herdringen zusammen mit seiner Ehefrau Antonia Freiin von Weichs zur Wenne und Geistern 1842 durch den Essener Stadtbaumeister Heinrich Theodor Freyse (1774–1851) erbauen. Über dem Mitteleingang sehen wir links das Wappen der Familie von Fürstenberg mit vier Feldern, die (in der Farbfassung) im Wechsel rote Balken und Pfähle auf goldenem Grund zeigen. Mit einer geschweiften Spitze ist das Stammwappen derer von Weichs versehen. Beide Wappen sind mit Helmdecken und Spangenhelmen und diese wiederum mit aufwendigen Helmkleinodien verziert, die auf das hohe Alter der Familien verweisen. Die Fürstenbergs, deren Rentei am Schloss Horst lag, unterhielten in Borbeck eine Renteistube zur Verwaltung

Die Wappen am Wirtschaftsgebäude

der hiesigen Güter. Einnahmen wurden erzielt, indem man zum Beispiel die Eichenstämme aus den Wäldern und aus dem Schlosspark als Bau- und Grubenholz verkaufte. Außerdem wurden Fischerei, Obstwiesen oder Weideflächen verpachtet oder auch selbst bewirtschaftet. Einen Eindruck von der Bandbreite der hier betriebenen Landwirtschaft erhalten wir 1882, als nach dem Umzug der Familie nach Hugenpoet ein Teil des Wirtschaftsinventars veräußert wurde. Demnach wurden am Schloß Borbeck drei Pferde, zwei Kühe, ein Eber, ein Faselschwein, ein Truthahn mit mehreren Truthühnern sowie Enten und Hühner gehalten. Man verfügte über Erntewagen, Bollerwagen, Karren, Eselkarren mit Geschirr, zwei Pflüge, vier Eggen, mehrere Pferdegeschirre und einen Jagdwagen mit Geschirr.

Schlossportal

Bevor die Familie von Fürstenberg das Schloss erwarb, diente es als **Regierungssitz der Essener Fürstäbtissinnen**. Wie die Inschrift am Hauptportal des Schlosses belegt, ließ Franziska Christine (1696–1776), die fast 50 Jahre in Essen regierte, das Gebäude ab 1744 zum Residenzschloss ausbauen. Das Wappen am Portal wird von zwei aufrechtstehenden, wild blickenden, die

Zunge herausstreckenden Löwen gehalten. Wie meist nur bei fürstlichen Wappen üblich, ist ein Wappenmantel zu sehen, der das eigentliche Wappen wie ein Umhang umgibt. Er ist mit Quasten geschmückt, außen purpurn und innen mit Hermelin besetzt. Die den Mantel zusammenhaltende Fürstenkrone umschließt mit ihren Bügeln eine Purpurmütze und ist mit einem vergoldeten Reichsapfel geschmückt. Dass die Krone fünf Bügel besitzt, war den Herzögen und Herzoginnen vorbehalten und unterstrich Franziska Christines hohen Rang. Dass sie auch weltliche Macht ausübte, wird durch den nach außen offenen Äbtissinnenstab und das Schwert zum Ausdruck gebracht.

Im Zentrum sehen wir das Wappen des Herzogtums Pfalz-Sulzbach als **Familien- oder Geschlechterwappen der Fürstin**. Das Herzschild mit den goldenen Löwen auf schwarzem Grund weist sie als „Pfaltz Gräfin bey Rhein" aus. Darüber sind die vier Herzogtümer Bayern, Jülich, Kleve und Berg und darunter die vier Grafschaften Veldenz, Mark, Ravensberg und Moers dargestellt, die zu Pfalz-Sulzbach gehörten und auch in der Portalinschrift genannt werden. Der eigene Herrschaftsbereich Franziska Christines umfasste die kaiserlich freiweltlichen Stifter in Essen und in Thorn in den Niederlanden. Als Reichsfürstentum unterstand Essen seit dem 13. Jahrhundert nur dem Kaiser und keiner anderen weltlichen Macht. Das äußere Oval des Wappens stellt das seit etwa 1700 übliche **Essener Stifts- und Staatswappen** dar. Ein Lorbeerkranz und zwei gekreuzte Schwerter auf roten Grund stehen für das Essener Stiftsgebiet. Zwei gekreuzte Pfeile, die von fünfeinhalb Kugeln umgeben sind, verweisen auf die zu Essen gehörende Herrschaft Breisig am Rhein, das rote Kreuz mit dem schrägen Flusslauf auf das Stift Rellinghausen. Die Besitzung Huckarde bei Dortmund wird durch ein rotes Wagenrad mit goldener Krone repräsentiert.

Die Schwerter als Symbol für das Stiftsgebiet zwischen Ruhr und Emscher wurden früher mit den Stifts- und Stadtpatronen Cosmas und Damian in Verbindung gebracht, die der Überlieferung nach durch Enthauptung den Märtyrertod starben. Plausibler ist aber, dass es sich um Zeichen der weltlichen Macht und Gerichtsbarkeit handelt. Schon 1399 erlaubte die Essener Äbtissin der Stadt, ein einzelnes Schwert zur Kennzeichnung von Maßen und Gewichten zu nutzen. Es diente später auch als Briefsiegel und wurde als **Gütezeichen in die in Essen produzierten Gewehre** eingeschlagen. So fand es Eingang in das schon erwähnte Stadtwappen. Die Schwerter wurden 1958 auch in das Wappen des Bistums Essen übernommen.

Nutzloser Schlüssel

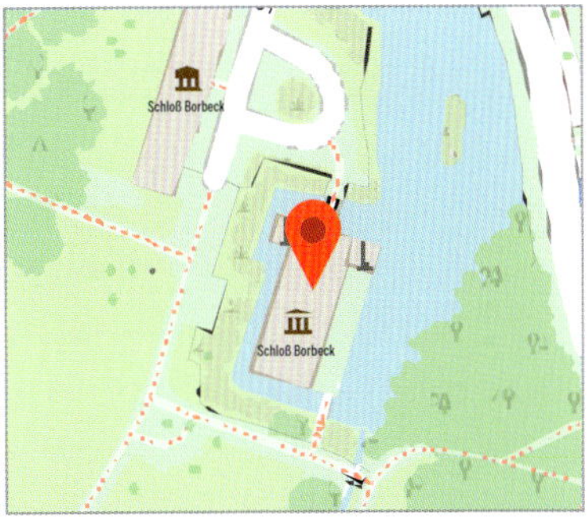

Schloß Borbeck
Schloßstraße 101
45355 Essen

12 | Nordviertel | Eltingviertel
Kunst im Quartier

Ein unförmiger, schillernder, monolithischer Klumpen steht mitten auf dem Zwingliplatz. Was mag sich unter seiner wabernden Oberfläche verbergen? Was es auch sein mag, es hat ganz viel mit dem umliegenden Stadtteil zu tun, einem Teil des Nordviertels zwischen Altenessener und Stoppenberger Straße. Dieses multikulturell geprägte Wohnquartier nördlich der Innenstadt wird heute „Eltingviertel" genannt. Hermann Elting (geb. 1838) war Zimmermeister und vor allem Holzhändler. Er besaß hier ab 1867 ein großes Holzlager (an das die Holzstraße erinnert) und ein Dampf-Sägewerk. Er betätigte sich als Bauunternehmer und amtierte von 1876 bis zu seinem Tode 1898 als Stadtverordneter. Heute ist das Viertel, in dem er seinen Geschäften nachging, ein Geheimtipp, sowohl für Architektur- als auch für Kunstbegeisterte.

Ab 1883 baute Elting zahlreiche Wohnhäuser vor allem für die Familien von Handwerkern und von Bergleuten, die auf **Schacht Gustav (Zeche Victoria Mathias)** arbeiteten. Hinter den reich mit Stuck verzierten Fassaden wurde der Wohnraum zimmerweise vermietet, wobei oft noch Schlafplätze für Kostgänger notwendig waren. Die Aborte lagen meist schon auf dem Treppenabsatz, wurden aber von mehreren Familien zusammen genutzt. Heute sind viele der historischen Gebäude vorbildlich restauriert, wie etwa die denkmalgerecht weiß gestrichenen Stuckfassaden mit ihren prachtvollen Dachgauben am **Eltingplatz**. Dieser frühere Marktplatz des Viertels hieß zunächst Ostermannsplatz und dann bis 1937 Hermannplatz. Mit der Häusergruppe wollte der erst gerade aus Wien zugewanderte Architekt Hermann Kreutzer 1894–95 sein

Kunstwerk am Zwingliplatz

Galerie elTing

Häuser am Eltingplatz

Hausfassade an der Eltingstraße

Können unter Beweis stellen. Weit mehr Wohnkomfort bot ein großer Siedlungskomplex, den die Gewerkschaft Victoria Mathias ab 1910 nördlich der Waterloostraße baute, die heutigen „Victoriahöfe" der Vonovia.

Der Künstler **Axel Loytved**, der 2009 mit einem Residenzstipendium „Junge Kunst in Essen" von Kunstring Folkwang und Kunsthaus Essen gefördert wurde, setzte sich bei einem vom Wohnungsbauunternehmen Vonovia ausgeschriebenen Wettbewerb für die künstlerische Gestaltung des Zwingliplatzes durch. Wie einen „Haufen neuer und alter Wünsche" („A pile of new and old wishes") sammelte er im Umfeld ausrangierte Alltagsgegenstände und alte Werbeprospekte ein. Daraus schuf er eine mit Pappmaschee umhüllte Form, die er schließlich aus Aluminium nachgoss und lackierte. Unter der unförmigen Hülle scheinen sich die Erwartungen früherer und jetziger Quartierbewohner zu verbergen. Die Skulptur mahnt zugleich einen schonenderen Umgang mit unseren Ressourcen an.

Schon seit 2011 werden **Städtebaufördermittel** eingesetzt. In engem Schulterschluss unter anderem mit der Vonovia, der Emschergenossenschaft, der Steag, den Stadtwerken Essen und dem Energieriesen RWE AG, der hier seinen Wurzeln hat, soll im Eltingviertel ein attraktives, innenstadtnahes Quartier mit bezahlbarem Wohnraum entstehen. Die zentrale Eltingstraße, der Eltingplatz und der angrenzende „Ostermannplatz" sollen zukünftig als lebendige Wohn- und Spielstraße bzw. als Begegnungs- und Aufenthaltsbereich aufgewertet werden. Für die Zukunft des Eltingviertels macht sich unter anderem die Nachbarschaftsinitiative „Buntes Nordviertel" stark, die 2018 aus einem Bewohnerstammtisch hervorging. Bei einem Streifzug durch das Quartier lassen sich weitere **Kunst- und Kulturprojekte** entdecken, etwa das Atelier für Bildhauerei „elTing" der Künstlerin Harriet Wölki (Eltingstraße 26) oder das in einem früheren Lebensmittelgeschäft beheimatete Atelier mit Galerie von Ruth Herberhold, das „Der schöne Hermann" genannt wird (Waterloostraße 30). In der Beisingstraße 12 sind Studio und Werkstatt „DAS REZYKLAT" und in der Altenessener Straße 77 das Kunstatelier „City of Gold" zu finden, eine Initiative von Studierenden der Universität. Ein Hingucker ist „Matthi´s Kiosk" an der Ostermannstraße, an dem hin und wieder kleine Konzerte stattfinden.

2021 haben das Museum Folkwang und der Neue Essener Kunstverein das **Residenzprogramm Neue Folkwang Residence** gestartet. Jährlich werden zwei Stipendien an internationale Künstlerinnen und Künstler vergeben, verbunden mit einem fünfmonatigen Arbeitsaufenthalt in der Gertrudisstraße 17 und einer anschließenden Einzelausstellung beim Kunstverein oder im Museum Folkwang.

Das vom Folkwang-Museumsverein und der Stiftung Olbricht ermöglichte Programm wird von der Vonovia gefördert. Das Haus gehört zu einer Häuserzeile, die Hermann Elting 1883 errichtete. Zur Eltingstraße, die damals noch Hermannstraße hieß, sah er ein turmartig erhöhtes Eckgebäude vor. Es ist in der Beletage beidseitig mit einer Tempelarchitektur (Ädikula) geschmückt. Hier befand sich ursprünglich eine Bäckerei, deren Backstube mit Ofen im Keller betrieben wurde.

Frühere Bäckerei an der Gertrudisstraße

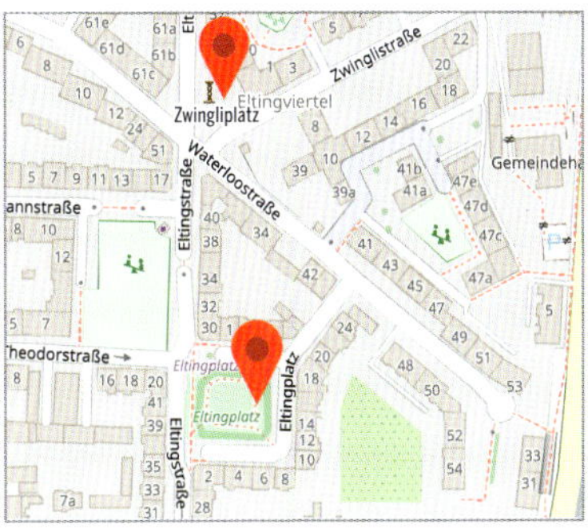

Zwingliplatz/Eltingstraße
45141 Essen

13 | Frohnhausen
Admiral Mendoza und die Hahnenschlacht

Als man 1913 hinter der neuen Frohnhauser Apostelkirche einen Brunnen plante, fertigte der englisch-deutsche Bildhauer William Ohly (1883–1953) gleich zwei alternative Modelle für die bekrönende Bronze an. Mit einem „Gänsereiter" und einem „Hähnchen" sollte offenbar an den Frohnhausen Gänsereiterverein bzw. an die Karnevalsgesellschaft Hahnekopp 1862 e.V. erinnert werden. Die Entscheidung fiel zugunsten des „Gänsereiterbrunnens" aus. Die Brunnenfigur, die im Zweiten Weltkrieg verloren ging, zeigte einen jungen Mann mit Umhang und Jagdhund, wie er sich anschickt, zu Pferd und im Galopp der an einem Galgen baumelnden, toten Gans den Kopf abzureißen. Wem dies gelang, dem winkte ein Preisgeld und er wurde zum „Gänsekönig" proklamiert. Gänsereitern, Hahnenschlacht oder auch das Altvater-Reiten waren bizarre bäuerliche Volksbelustigungen, die man in Frohnhausen wohl schon seit Jahrhunderten pflegte. Die Soldaten des Admirals Francisco Mendoza (1550–1623), die 1598–99 auf seinem Feldzug gegen die Niederlande am Hellweg bei Wattenscheid ihr Winterquartier aufschlugen, sollen das Gänsereiten aus ihrer spanischen Heimat mitgebracht haben. Tatsächlich ist das Gänsereiten auch in den Niederlanden, in Belgien und Spanien nachweisbar. In Frohnhausen gab es im Bereich der heutigen Wiesbadener Straße einen Wasserlauf, der „Spanische Beck" genannt wurde. Diese Ortsbezeichnung könnte darauf hindeuten, dass auch hier die Soldaten des Admirals gelagert haben.

Gänsereiterbrunnen hinter der Apostelkirche

Die verschollene Bronze mit dem Gänsereiter im Modell

Der Verein Hahnekopp bei der Hahnenschlacht 2024

Der Gummi-Hahn

Wiederbelebt wurde der **Brauch des Gänsereitens** am Rosenmontag des Jahres 1880. Anders als früher trugen die Reiter nun den blauen westfälischen Bauernkittel, Zipfelmützen und rote Halstücher. Als „Faschingsscherz“ lockte das „Preis-Gänsereiten“ mit anschließendem Maskenball schon bald eine „ungeheure Menschenmenge“ nach Frohnhausen, wie die Essener Zeitung am 6. Februar 1883 berichtete. Der eigens gegründete Verein zählte über 500 Mitglieder. Der „Rennplatz“ lag am Lokal der Witwe Johann Potthoff auf der Frohnhauser Straße am heutigen Riehlpark, wo eigens eine Tribüne für die Besucher aufgebaut wurde. Um den Unterhaltungswert noch zu steigern, hängte man auch eine Krinoline (also einen Reifrock) am Galgen auf, aus dem die Reiter echte, aber auch „unechte Würste“ hervorholen konnten. Sie wurden dann mit verdächtigem Inhalt wie Mehl, Ruß oder Blut zur allgemeinen Gaudi überschüttet. 1883 gelang es erst im siebten Durchlauf, der Gans den Kopf abzureißen. Der Sieger hatte sich so an der

Gans festgeklammert, dass sein Pferd unter ihm weglief und er vorübergehend in der Luft baumelte. In anderen Jahren hängte man neben der Gans auch noch ein totes Ferkel auf und kürte einen zusätzlichen „Schweinekönig". Neben einem „Gänsereiter-Marsch" gab es am Nachmittag einen großen Festumzug mit Wagen, der unter Musikbegleitung durch Frohnhausen und Holsterhausen zog. Das Preisgeld, das anfänglich bei 100 Mark lag, betrug 1884 schon stattliche 500 Mark. Um dem Ansturm der Besucher gerecht zu werden, ließ der Gänsereiterverein 1896 eine neue, besonders geräumige Tribüne für 4.000 Zuschauer errichten. Trotzdem wurde das Gänsereiten nur zwei Jahre später eingestellt. Schuld waren womöglich die vielen Nachahmer. Ähnliche Vereine und Initiativen waren inzwischen in Kupferdreh, Fischlaken, Altenessen, Schönebeck, Kray, Schonnebeck oder Schuir entstanden. Der einzige noch heute in Essen bestehende „Gänsereiter-Club" wurde erst 1926 in Freisenbruch gegründet.

In Frohnhausen gab es zeitgleich zu den Gänsereitern noch weitere Karnevalsvereine. Die Mitglieder der Gesellschaft „Holt met uns" trugen einen Dreispitz aus der friderizianischen Zeit als Kopfbedeckung, während man bei den Reiterumzügen der Gesellschaft „Strohhaut" Strohhüte aufsetzte. Auf historische Volksbräuche gingen neben dem Gänsereiten noch das **Altvater-Reiten** und das bis heute betriebene Hahnenköppen zurück. Das ursprünglich in Frohnhausen übliche Altvater-Reiten wurde um 1860 in Altendorf wiederbelebt. Am Ende des Umzuges galt es eine aus Stroh erbaute Hütte, die Burg des „Altvaters", zu erobern. Zusammen mit seiner Familie musste er sein Domizil wacker, aber vergeblich verteidigen. Schließlich wurde die Burg in Brand gesteckt und von den Gewinnern „siegestrunken" umsprungen. Auf diese Weise feierte man die Austreibung des „alten" Winters.

Die **Karnevalsgesellschaft Hahnekopp** wurde am 24. Juni 1862 gegründet und besteht als ältester Essener Karnevalsverein bis heute. Am Rosenmontag, so berichtet die Vereinschronik, sollte zur allgemeinen Rache ein Hahn geköpft werden. Hatte doch im Laufe des Jahres der Gockel stets dann ein fröhliches Kikeriki angestimmt, wenn die Männer nach einem Umtrunk am frühen Morgen unbemerkt ins Haus schleichen wollten. Tatsächlich ist das „Hahnenköppen" oder „Hahnenschlagen" als Volks- und Kirmesbrauch aus dem Bergischen Land und der Eifel weit verbreitet. Auch im Essener Raum gab es gleich mehrere Vereine, die Hahnenschlachten ausrichteten, etwa die Karnevalsgesellschaften „Tutti Frutti", „Drollig und Mobil" und „Lustig und Fidel" in Bredeney. Auch in Altenessen, Rüttenscheid, Kray, Kupferdreh oder Werden-Land fanden Hahnenschlachten statt und sogar zwei der Frohnhauser Gesellschaften machten dem Verein von 1862 Konkurrenz. Das Vereinslokal der Hahneköppe wechselte im Laufe der Zeit, lag aber wohl immer „weit hinten in Frohnhausen" im Bereich der Hamburger Straße und in „Ende-Frohnhausen". Bei ihren Umzügen trugen besonders die Reiter prachtvolle Anzüge, mit Gold- und Silberbordüren besetzte Samtjacken und Napoleonshüte. Mit dieser Verkleidung und den im Verein üblichen Rangbezeichnungen wie „Hauptmann" und „Oberst" wurde der damals gängige Militarismus verspottet. Erst später übernahm man auch hier die westfälische Bauerntracht als allgemeine Kostümierung.

Beim „Hahnvorstellen" wurde ursprünglich der noch lebende Hahn durch den Ort geführt, heute laufen Männer und Frauen getrennt durch den Stadtteil. Zur traditionellen Hahnenschlacht am Tag darauf ziehen die Vereinsmitglieder mit ihrem alten König zum Pfarrzentrum von St. Elisabeth an der Dollendorfstraße. Dort ist auf dem Hof neben einem Galgen eine weiß-blau gestrichene Leiter auf einem Wagenrad montiert. Sie kann wie ein Karussell gedreht werden. Zunächst gibt es das „Wurstgreifen", bei dem ein hin und her schwingender Korb mit Mettwürsten (und inzwischen auch Süßigkeiten) am Galgen aufgehängt wird. Wer Spaß daran hat, kann versuchen, von der Leiter aus Beute zu machen und sie in die johlende Zuschauermenge zu werfen. Wer von den Vereinsmitgliedern neuer Hahnenkönig werden möchte, muss nun versuchen, den Hahnenkopf (der heute aus Gummi ist) mit einem Holzsäbel abzuschlagen. Vor der Krönung und dem anschließenden Ball erwählt sich der Gewinner eine Königin. Am Fastnachtsdienstag folgt der traditionelle „Stangenlauf". Die männlichen Vereinsmitglieder sammeln auf einer Stange und in einer Schubkarre die nötige Verpflegung für ihren Marsch in Geschäften und Gastwirtschaften ein.

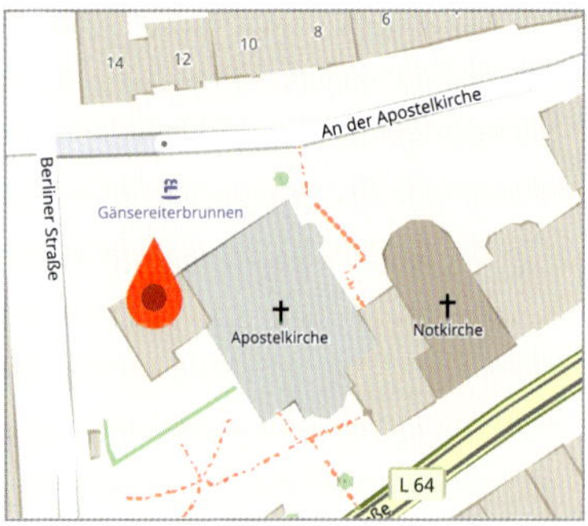

Gänsereiterbrunnen
An der Apostelkirche/Berliner Straße
45145 Essen

14 | Frohnhausen
Ein Wandbild von Gigo

Die Apostel-Notkirche in Frohnhausen feiert 2024 ihren 75. Geburtstag. Sie wurde nach dem Zweiten Weltkrieg vom berühmten Architekten Otto Bartning (1883–1959) für das Hilfswerk der Evangelischen Kirche entworfen. Es handelte sich um einen Kirchenbausatz aus Holz und Glas, der an über 40 Standorten in ganz Deutschland Verwendung fand. Mit diesem „Notkirchenprogramm" wollte man Gemeinden helfen, die durch Kriegszerstörung ihr „Dach über dem Kopf" verloren hatten. Die erforderlichen Spendengelder für die Frohnhauser Notkirche sammelte 1949 die Evangelical and Reformed Church in der Nähe von Chicago ein. Am Bauplatz „putzten" Trümmerfrauen die Ziegel, aus denen die nichttragenden Außenwände in Eigenleistung der Gemeinde aufgemauert wurden. Die Trümmersteine mit ihren noch sichtbaren Brandspuren prägen bis heute den Raumeindruck. Vor einigen Jahren wurde der im damaligen Jugoslawien geborene und katholisch getaufte Essener Streetartist Gigo auf die äußerlich eher unscheinbare Notkirche aufmerksam. 2015 schmückte er die Straßenfront mit einem „Gemeindeporträt", an dessen Entstehung die Gemeindeglieder und Menschen im Stadtteil, ähnlich wie 1949, aktiv mitwirken durften.

Bisher hat Gigo 24 **„Porträts"** im In- und Ausland geschaffen. Sie werden von Fachleuten als einmalig in der Kunstgeschichte beschrieben, weil sie im Austausch mit den Menschen vor Ort entstehen und später durch „Löschung" verändert werden. „Die Murals des Essener Streetartists Gigo [..], seine großflächigen Wandgestaltungen, zählen zu den provokantesten und stilistisch

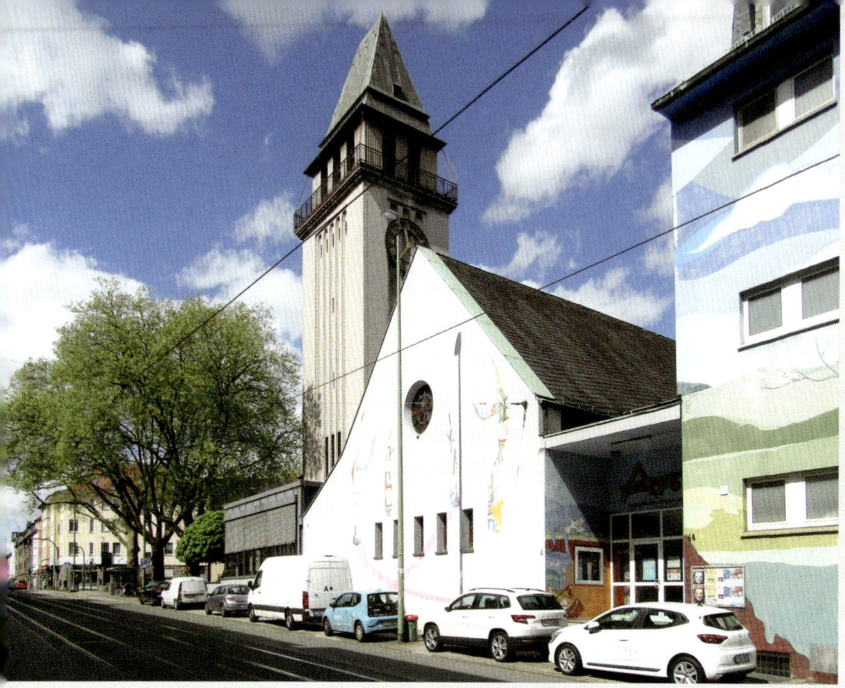

Apostel-Notkirche

Gigo an der Kanzel der Apostel-Notkirche

originellsten des Ruhrgebiets", urteilte 2017 das Magazin der Bundeskunsthalle in Bonn, wo Gigo im Jahr zuvor für die Ausstellung „BundeskunstHALL OF FAME" ein Porträt gestaltete. Die Entstehung und Veränderung von Gigos Porträts werden per Foto, Film und Presse dokumentiert. Auch in Frohnhausen waren die Lokalredaktionen fast täglich zugegen, ein Dortmunder Filmteam unter Leitung von Fatmir Dolci hielt das über sechs Wochen währende Projekt in zahlreichen Sequenzen fest. So kann das Frohnhauser Projekt als Filmdokumentation auf Ausstellungen bis heute präsentiert werden, zuletzt 2022 in „Außenräume – Innensichten" im Edwin Scharff Museum in Neu-Ulm.

So spontan die Aktion wirken mag, jedes Porträt braucht eine lange und intensive Vorbereitungszeit, die bis zu drei Jahre dauern kann. Es gilt Mitwirkende zu finden und die nötige Überzeugungsarbeit vor Ort zu leisten. Pfarrer Werner Sonnenberg begleitete das Frohnhauser **Gemeindeporträt** als Kurator. Schon seit 1989 organisiert er Ausstellungen zeitgenössischer Kunst im „Kunstraum Notkirche". Zunächst musste Sonnenberg das Presbyterium und die Denkmalbehörde mit ins Boot holen. Finanziert wurde das Kunstwerk aus einem Nachlass und aus Spenden. Außerdem waren viel Improvisation und gutes Wetter notwendig, um im Sommer 2015 ans Werk zu gehen. Kaum waren in roter Schrift die ersten Worte „Otto Bartning" an der Fassade zu sehen, stoppte ein Polizeiauto, weil man Vandalismus vermutete. Die Beamten ließen sich geduldig alles erklären, sogar wer Otto Bartning eigentlich war. Auch bei der Landeskirche ging eine Beschwerde ein, weil man glaubte, ein historisches Kirchengebäude werde verunstaltet. Weitere, teils heftige Reaktionen blieben nicht aus und der Stadtspiegel titelte sogar: „Kirchen-‚Anschlag' schlug wie Bombe ein".

Anfangs wurde mit einer Leiter nur auf den unteren Wandpartien gearbeitet, später gab es einen Steiger (den Zeljko Vukoja bediente), der den guerillahaften Charakter der Aktion leidlich entschärfte. Ausgelöst durch den Schriftzug „Otto Bartning" kam Gigo vor Ort und bei laufender Kamera mit Passanten und Gemeindegliedern ins Gespräch. Sie sollten **„Lebensweisheitssprüche"** preisgeben. Die Zitate, die gewissermaßen den „Volksmund" repräsentierten, bannte Gigo in wechselnder Schrifttype, Ausrichtung und Farbe an der Kirchenfront. So konnte auf Wortspiele oder Doppeldeutigkeiten aufmerksam gemacht werden. Bald war da zu lesen: „Wer schaffen will, muss fröhlich sein". Auch einige andere Sprüche bezogen sich auf die besondere Geschichte der Notkirche und der „Trümmerfrauen": „In nur 5 Monaten errichtete die Gemeinde die Notkirche." Oder: „Wer genau hinschaut, erkennt noch die Spuren des Krieges." Jemand fragte „Wo sind all die Männer hin?", in Anlehnung an Hildegard Knefs berühmtes Antikriegslied. Schon Bartning wollte nach den schrecklichen Erfahrungen der Weltkriege mit seiner hölzernen Binderkonstruktion im Inneren ein **„Friedenszeichen"** setzen. Die Notkirchen waren ein Element der kirchlichen und gesellschaftlichen Erneuerung und sollten den Weg in eine demokratische und weltoffene Gesellschaft ebnen. „In Frohnhausen habe ich Deutsch gelernt!", hieß

Das Gemeindeporträt 2015

Stilisierte Bäume gewähren Durchblick auf das Wandbild

es an der Fassade und „Ein Fest der Toleranz" prangte ganz oben im Giebeldreieck. Das Wandbild veränderte sich täglich, unter den Augen der erstaunten Öffentlichkeit, die ja selbst dazu beitrug, Vergangenheit und Gegenwart miteinander zu verschmelzen, so polyphon, wie es Lebensweisheit nur sein kann. Fotos des Gemeindeporträts wurden derweil im Internet gepostet und dort weiterdiskutiert. Die Notkirche war Hingucker und Stadtgespräch zugleich geworden.

Doch schließlich erschöpfte sich der Mitteilungsdrang der Menschen vor Ort. Es war Zeit zur nächsten Phase überzugehen. Denn von Anfang an stand die spätere **Auslöschung des Kunstwerkes** fest. Andernfalls hätte das Wandbild mit seinen mannigfaltigen Schriftzügen zur Ergänzung und damit zur Zerstörung eingeladen. Das Wandbild musste alltagstauglich gemacht werden. Die Fassade erhielt ihren gewohnten grauen Anstrich zurück, ausgesparte Wandpartien in organischen Formen lassen seitdem das ursprüngliche Werk nur noch erahnen. Gigo gestaltete diesen **„Frame"** (Rahmen) in Form stilisierter, schattenwerfender Bäume. Sie bilden als Landschaftsmalerei eine ideelle Fortführung der Platanen auf dem Kirchplatz und geben – wie zufällig – den Blick auf einige Textpassagen des Gemeindeporträts frei.

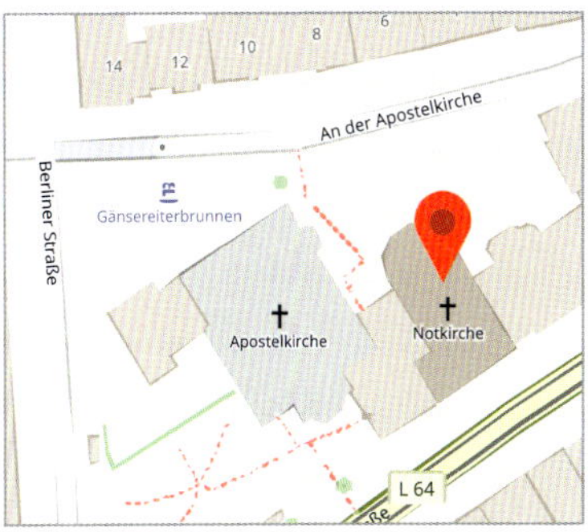

Apostel-Notkirche
Mülheimer Straße 70
45145 Essen

15 | Fulerum

Der Mose, eine Wassermühle und ein „bestialischer Mord“

An der Wickenburgbrücke zwischen Frohnhausen und Fulerum steht als Brückenheiliger ein Mose mit den Gesetzestafeln, den der Bildhauer Erwin Schaab 1999, nach der Fertigstellung der neuen Straßenbrücke, geschaffen hat. Brückenheilige erinnern daran, dass die Gewässer, in diesem Fall der Borbecker Mühlenbach, für die an ihnen lebenden Menschen Segen und Fluch zugleich waren. Passend hierzu hat ganz in der Nähe, unterhalb der Brücke auf der Fulerumer Talseite, die denkmalgeschützte Borgsmühle, ein verträumtes Ensemble aus Mühle, Wohnhaus und Wirtschaftsgebäuden, die Zeiten überdauert. Hier wurde seit alters her Wasser zur Energiegewinnung genutzt. Am früheren Mühlenhaus wird man mit einem freundlichen Müllergruß willkommen geheißen, der wohl vollständig gelautet haben mag: „Glück zu Meister und Gesellen – Ihr wollet die Mühle recht stellen – und mahlen mit Fleiss – davon hab ich Lob und Preisz. – Schön Danck mein lieber Mahlgast – Was Du zu mahlen hast – wir wollen alles machen recht – ich und mein getreuer Knecht.“

Der **Borbecker Mühlenbach** trieb im Mittelalter neben der Borgsmühle sieben weitere Kornmühlen an. Da er keine große Fließgeschwindigkeit aufwies, nutzte man einen aufgestauten Mühlenteich und die Sturzkraft des Wassers, um das Mahlwerk anzutreiben. Die Borgsmühle lag auf Essener Stiftsgebiet, an der Grenze zur Abtei Werden und zur Herrlichkeit Broich. Das „Mühlenregal“ lag hier bei der Essener Fürstäbtissin, die 1413 die „Brienmole“ als Lehen an die

Mose als Brückenheiliger

Idylle an der Borgsmühle

Inschriftstein am Mühlenhaus

Essener Patrizierfamilie „die Bryen“ vergab. Später ging sie in den Besitz der Familie Boderich über und wurde fortan als „Boderichsmühle“ bezeichnet, wovon sich ihr heutiger Name ableitet. Im 16. Jahrhundert nannten sich die Lehnsnehmer „Borg“, „Borgmann“ oder auch „Borgsmüller“.

Das stattliche Wohnhaus der Mühle mit dem auffälligen Thermenfenstern an den Giebelseiten wurde 1848 von Theodor Siepmann und Anna Katharina Borgsmüller erbaut. Die Inschrift über der Haustür ist mit einem schönen Relief geschmückt, das die gemeinsame Bauherrenschaft der Eheleute durch zwei verschlungene Hände darstellt, die von Blumen und einem Ährenbündel umgeben sind. Die aus „zwei Mahlgängen bestehende Fruchtmahlmühle“ wurde 1867 an Johann Platzen verpachtet, der sie spätestens ab 1888 zusätzlich mit einem Dampfantrieb versah. 1896 übernahm der Ökonom August Backhaus den Betrieb und die zugehörige Acker- und Viehwirtschaft.

Noch um 1900 fand die landschaftlich reizvolle Lage der Mühle Beachtung. Das Umfeld geriet sogar vorübergehend in die engere Wahl für die Anlage des Essener Stadtwaldes. 1905 erwarb die Stadt Essen das Anwesen mit 65 Morgen Land. Inzwischen stand jedoch fest, dass der Mühlenbach von der neu gegründeten **Emschergenossenschaft** als offener Abwasserkanal genutzt werden sollte. An der Borgsmühle war der Bau einer Kläranlage geplant, die man dann allerdings einige hundert Meter bachabwärts realisierte. Während ein Teil der Acker- und Waldflächen in die Gestaltung des neuen Südwestfriedhofes einbezogen wurde, konnte die Mühle von Backhaus als Pächter weiterbetrieben werden. Es wurden Schwäne und Pekingenten gehalten und zeitweise gab es eine Milchwirtschaft für Ausflugsgäste. Man erwog sogar die Anlage eines Tierparks.

Zwischen Mühlenteich und Wohnhaus lag der Bahnübergang für die im Tal verlaufende Trasse der **Rheinischen Bahn**, die von Rüttenscheid nach Heißen führte. Da es keine Schranken gab, kam es wiederholt zu Unfällen. 1909 etwa kollidierte der Triebwagen eines Eisenbahnzuges mit einem Fuhrwerk, die Pferde, die den Wagen zogen, wurden getötet. Man entschloss sich schließlich, die Bahnlinie zweigleisig auszubauen und ihren Damm (den heutigen Radweg) zu erhöhen. Eine Straßenbrücke sollte zukünftig den alten Bahnübergang ersetzen. Der bisher in einer großen Schlaufe um das Mühlenensemble herumgeführte Bach musste dafür begradigt und mit Zementplatten ausgekleidet werden. Die Mühle war nun von ihrer ursprünglichen Kraftquelle abgeschnitten. Nachdem die Eheleute Backhaus Anfang November 1915 ihren einzigen Sohn

Gedenktafel auf der Wickenburgbrücke

im Frontkampf verloren hatten, gaben sie die Landwirtschaft auf und stellten den Mühlenbetrieb schließlich ganz ein. Das Mühlenrad wurde demontiert und der frühere Stauteich als Gemüsegarten genutzt. 1932 erwog die Stadt, in der Mühle die Keramische Werkstatt Margarethenhöhe unterzubringen. Dafür wäre jedoch ein 30 Meter hoher Kamin mit starker Rauchentwicklung erforderlich gewesen. Stattdessen mietete der TV Eintracht Essen-Frohnhausen 1887

e. V. das an die Mühlengebäude angrenzende Terrain als Übungsplatz mit Liegewiese und Planschbecken für die Kinder. Die bis heute bei Sportbegeisterten und Ausflüglern beliebte **Jahnwiese** mit Vereinslokal und Außenterrasse wurde im September 1933 eingeweiht.

Die 1914 fertiggestellte alte **Wickenburgbrücke** mit Straßenhaltestelle und Erfrischungshalle war ein beliebter Treffpunkt für Wanderungen und Radtouren. Am Ende der Weimarer Jahre wurde sie zum Schauplatz der Straßenkämpfe, die das politische Geschehen bestimmten. So überfielen 1931 abends rund 50 Nationalsozialisten mit schweren Knüppeln und Messern einige „Reichsbannerleute", die sich auf dem Heimweg von einer Veranstaltung befanden. Fünf Personen wurden verletzt, einer sogar mit einem gefährlichen Stich in den Unterleib, wie die Essener Volks-Zeitung und die Volkswacht übereinstimmend am 1. Mai berichteten und es auch von der Polizei bestätigt wurde. Der NSDAP-nahe Essener Anzeiger behauptete hingegen unbewiesen, dass schon am helllichten Tage ein Zeitungsbote der Essener „Nationalzeitung" auf der Brücke überfallen worden sei und ins Krankenhaus gebracht werden musste. Die unbekannten Täter hätten die Zeitungen zerrissen und über die Brücke ins Tal geworfen.

Kurz vor Kriegsende ereignete sich hier traurigerweise ein noch weit schlimmeres Verbrechen, an das heute eine Gedenktafel am Geländer der Brücke erinnert. Nach der kriegsbedingten Einstellung des Schulbetriebes waren in der Volksschule an der Mülheimer Straße (der heutigen Helmut-Rahn-Realschule) das Polizeirevier 13 und eine Wehrmachtseinheit untergebracht. Beim besonders zermürbenden Großangriff auf Essen am 12. Dezember 1944, bei dem alleine 463 Menschen umkamen, wurden drei englische Flieger abgeschossen, aus denen sich drei Soldaten mit dem Fallschirm retten konnten. Sie wurden aufgegriffen. Am nächsten Tag übergaben die Polizeibeamten der Wache die Kriegsgefangenen an die Wehrmachtseinheit, um sie zum Fliegerhorst auf dem Flughafen Essen-Mülheim zu bringen.

Als dies im Stadtteil bekannt wurde, versammelten sich aufgebrachte Menschen vor dem Gebäude. Eskortiert von nur zwei Soldaten machte man sich mit den Gefangenen auf den Weg. An der Brücke wurden die Flieger von etwa zehn bis zwölf Zivilisten mit Steinen und anderen Gegenständen beworfen und geschlagen. Dann wurden sie „durch Hinunterstürzen von der […] Brücke in bestialischer Weise getötet", wie die Ruhr Zeitung am 24. Dezember 1945 rückblickend berichtete. Die teils widersprüchlichen Zeugenaussagen im späteren Prozess erbrachten weitere Details: Zwei der britischen Soldaten sollen noch auf

Deutsch um ihr Leben gefleht und Fotos ihrer Familien vorgezeigt haben. Einer versuchte zu fliehen. Doch alle drei wurden über das Brückengeländer geworfen. Wer noch Lebenszeichen von sich gab, wurde erschossen. Dann entkleidete man sie, plünderte sie aus und warf sie in den Bach. Ein Paar Fliegerstiefel wurden später gegen Zigaretten eingetauscht, die bei den Fliegern gefundenen Süßigkeiten an Kinder verteilt. Die Namen der Opfer wurden nie ermittelt. Nach Kriegsende kam es zu einem ersten Prozess, der vor dem Militärgericht, das damals im Steeler Jugendheim zusammentrat, ab dem 18. Dezember 1945 an vier Tagen verhandelt wurde, verbunden mit einem Lokaltermin. Ein zweiter Prozess mit Ortstermin fand vom 1. bis 3. April 1946 statt, da einer der Angeklagten erst am 19. Dezember 1945 verhaftet werden konnte. Drei Personen, darunter der ehemalige Hauptmann der Wehrmachtseinheit, wurden zum Tode durch Erhängen verurteilt.

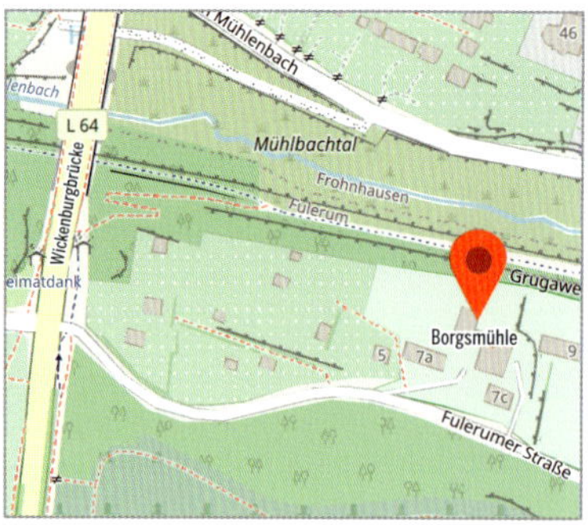

Borgsmühle
Fulerumer Straße 7
45149 Essen

16 | Horst
Ein geschwätziges Jägerhaus

Wer lässt sich schon gerne auf offener Straße eines Besseren belehren? An der Eberhardstraße in Horst steht ein Fachwerkhaus von 1721, das mit einer wahren Fülle von Botschaften in Deutsch und Latein geschmückt ist. Über dem Hauseingang gibt es einen gereimten Haussegen: „Se vor dich – se hinter dich – die Welt ist wunderlich – die Freundschaft ist gemein – die Treu ist gar klein. An Gottes Segen – ist alles gelegen." Die lateinische Inschrift über dem Tor lautet: „Trau dem Freunde! – Trau schau wem! – Trau der Welt!" Passend dazu heißt es darunter (von Anton Lehnhäuser übersetzt): „Wer traut und nicht geprüft, wird enttäuscht. Deshalb siehe zu, daß das Vertrauen nicht umgarnt, denn selbstloses Hingeben ist blind. Sicher gewählt ist von Nutzen, sorglos vertraut von Schaden." Schließlich meldet sich noch das Bauwerk selbst zu Wort: „Obgleich des Meisters Hand – mich hier hat neu gesetzet – so folgt Zergaenglichkeit – mich auf den Fus doch nach – Gedenk hierahn O Mensch – ob dich die Welt ergetze – so traue nicht zu viel – es sind gahr kurtze Tag."

Für ein bäuerliches Milieu und ein Haus, in dem Mensch und Tier unter einem Dach lebten, sind so umfangreiche und auch noch mehrsprachige Botschaften eher ungewöhnlich, mit denen an die Endlichkeit menschlichen Lebens erinnert wird. Sie deuten auf einen gebildeten Auftraggeber, wie wir ihn auf dem nahen **Haus Horst** vermuten dürfen, zu dem das Gebäude als Jägerhaus gehörte und das einen oder mehrere Jäger beschäftigt haben dürfte. Der Entstehung der Burg Horst ging zeitlich eine karolingische Vryburg voraus, von der noch Wälle und Gräben östlich des Herrensitzes erhalten sind. Die einflussreichen, mit be-

Inschrift über der Haustür

Jägerhaus

deutenden Privilegien, Gerichtsbarkeit und großen Besitzungen, der „Herrlichkeit Horst", versehenen Herren von der Horst lassen sich bis in das 12. Jahrhundert zurückverfolgen. Das heutige Haus Horst, seit dem 14. Jahrhundert belegt, entstand wie das Jägerhaus erst nach Ende des Dreißigjährigen Krieges in der Ruine der alten Burg, deren Ruhrsandsteinmauern und Türme über dem Ruhrtal aufragen. Damals befand sich das Anwesen bereits im Besitz der Familie von Wendt, nachdem es Jobst Diederich, Freiherr von Wendt einschließlich der „Jagd", Fischerei, Steingruben und Mühlen erworben hatte. Um 1680 entstand im Anschluss an die mittelalterliche Kapelle die heute als Wohngebäude genutzte Meierei.

Das benachbarte **Mahnmal „Horster Ehrenmal"** gehört zu den unbequemen Geschichtszeugnissen. Es wurde ab Frühjahr 1934 auf einem eigens dafür angelegten, bastionsartigen Plateau als „Ehrenmal der Westdeutschen Freikorps" erbaut und sollte an den „heldenmütigen" Einsatz der Freikorps im Jahre 1920

Mahnmal und Burg Horst

Villa Vogelsang

erinnern. Der rechtsradikale Kapp-Lüttwitz-Putsch war damals gegen die SPD-geführte Regierung in Berlin gerichtet und wurde nach einem reichsweiten Generalstreik niedergeschlagen. Doch im Ruhrgebiet formierten sich viele Arbeiter zu einer „Roten Ruhrarmee", die sich erbitterte Kämpfe mit den Reichswehrtruppen, der Sicherheitspolizei und den Freikorps lieferten. Die Freikorps sahen sich später als Retter des Vaterlandes gegen den Bolschewismus und als Wegbereiter des NS-Staates. Das auf einem Betonring nach Art eines Wagenrades gegründete Ehrenmal mit seinen 24 Ruhrsandstein-Pfeilern wurde mit Unterstützung der NSDAP von Angehörigen des freiwilligen Arbeitsdienstes erbaut. Die Leitung lag beim gemeinsamen Befehlshaber der westdeutschen Freikorps, Generalleutnant Oskar Freiherr von Watter, der im Verdacht steht, 1920 mit den rechten Putschisten sympathisiert zu haben. Ein erklärter Antisemit, der exzentrische Krefelder Architekt Karl Buschhüter, erstellte die Baupläne und wurde von seinem Essener Kollegen Paul Dietzsch unterstützt, dem ehemaligen Führer der Essener Einwohnerwehr. Heute dient das Ehrenmal als Mahnmal vorrangig der historisch-politischen Bildung, ein Lernort „zum Anfassen".

Zwischen der Burg Horst und der Horster Mühle liegt in einem Park die **Villa Vogelsang**, die angeblich aus einem Schatzfund finanziert wurde, den eine Magd in der Burgruine von Haus Horst gemacht haben soll. Erbaut wurde die Villa mit Remise zwischen 1842 und 1848 vom Essener Kaufmann Friedrich Ludwig Niemann, der die Burg gepachtet hatte und 1846 zudem in den Besitz der Horster Mühle kam. Während die Vorderfront durch Pilaster, einen flachen Tempelgiebel und eine Loggia mit gusseisernen Ziergittern betont wird, flankieren an der Hangseite zwei dreigeschossige Türme das Haupthaus. Ein Schinkel-Schüler, der Architekt Sommer, soll das Haus entworfen haben, das zu den herausragenden Bauten des Essener Klassizismus gehört und heute als Hotel mit Tagungsstätte dient.

Die schon im Mittelalter betriebene **Horster Mühle**, etwa 200 Meter von der Villa entfernt, stand ursprünglich auf einer Flussinsel. Als Ende des 18. Jahrhunderts die Ruhr auf Betreiben Friedrichs des Großen schiffbar gemacht wurde, legte man die heute noch erhaltene Horster Schleuse an. Das Wasser der Ruhr wurde durch einen Damm neu aufgestaut. In diesem Zusammenhang verlegte man „Blaufärbewerk, Oehl- u. Fruchtmühle" 1774 an ihren heutigen Standort und nutzte das aufgestaute Flusswasser für den Betrieb. 1875 wurde die Horster Mühle, zu der auch eine Kornhandlung gehörte, von der Horster Mühlengesellschaft übernommen, hinter der sich die Kaufleute Julius Frankenstein und Heinrich Dammer verbargen. Der Brennereibesitzer Wilhelm Vogelsang aus Niederwenigern, der Mühle und Villa 1910 erwarb, brachte auch die benachbarte Zeche Wohlverwahrt und 1928 die Burg Horst in seinen Besitz. Vogelsang ließ die bisherige Mühlentechnik demontieren und verkaufen. Die Anlage wurde zu einer **Elektrochemischen Fabrik (Karbidfabrik)** umfunktioniert. Die Stauanlage nutzte er für ein Wasserbetriebswerk. Der hier erzeugte Strom war zunächst vorrangig für die Karbidproduktion bestimmt, die allerdings nach dem Ersten Weltkrieg zunächst vorübergehend und um 1930 endgültig eingestellt werden musste.

In der Horster Mühle erblickte 1775 **Franz Dinnendahl** das Licht der Welt. In seinen Lebenserinnerungen gibt er uns einen Eindruck von seiner Horster Zeit: „Diese meine Eltern wohnten auf der Hörster Mühle, bei Steele, und ich bin also von Hause aus der Sohn eines Müllers. Auf meine Erziehung und Bildung konnten meine Eltern durchaus nichts weiter verwenden, als daß sie mich in einer elenden Dorfschule notdürftig lesen und das Alphabet schreiben lehren ließen. Wegen ihrer Dürftigkeit mußte ich mir schon in meinem 12. Jahre durch Schweinehüten

Horster Mühle vom anderen Ruhrufer aus

mein Brot verdienen." Weil er während des Schweinehütens kleine Kornmühlen, Eisenhämmer, Wasserkünste oder Pumpen schnitzte, vergaß er auf die Schweine zu achten und wurde schließlich vom Bauer als „zu diesem Geschäft untaugliches Subjekt" entlassen. Fortan verdiente er durch Kohlenschieben sein Geld. Mit 16 Jahren ließ er sich als Bergmann einschreiben. Auf Anraten seines Onkels erlernte er schließlich das Schreinerhandwerk und Zeichnen. Als Dinnendahl den Auftrag erhielt, auf der Zeche Vollmond in (Bochum-)Langendreer ein Gebäude für eine in Schlesien produzierte Dampfmaschine zu bauen, bot er an, die beim Aufbau vor Ort fehlerhaft montierte Maschine in Gang zu bringen. Mit Erfolg! 1801 begann er mit dem Bau einer ersten eigenen Dampfmaschine für die Zeche Wohlgemuth bei (Essen-)Kupferdreh. Dinnendahl schmiedete fast die ganze Maschine von Hand, selbst den Kessel. Zylinder, Dampfröhren, Schachtpumpen und Kolben wurden durch eine Eisengießerei hergestellt. Als die Maschine 1803 fertig war und zum ersten Mal angelassen wurde, erwies sie sich als sogleich funktionstüchtig. Dinnendahl war allerdings nicht der Erbauer der „ersten deutschen Dampfmaschine", als der ihn Wilhelm Vogelsang 1935 mit einer Gedenktafel ehren ließ. Bereits der berühmte Technikhistoriker Conrad Matschoß relativierte 1905 die Bedeutung Dinnendahls: „Der Kunstmeister Franz Dinnendahl hat zwar keine neuen epochemachenden Erfindungen zu verzeichnen, wohl aber gehört er zu denen, die mit Energie und Ausdauer den Segen der neuen Kraft ihrem Lande nutzbar gemacht haben." Tatsächlich waren seine Maschinen zur Förderung und Wasserhaltung im hiesigen Bergbau von entscheidender Bedeutung.

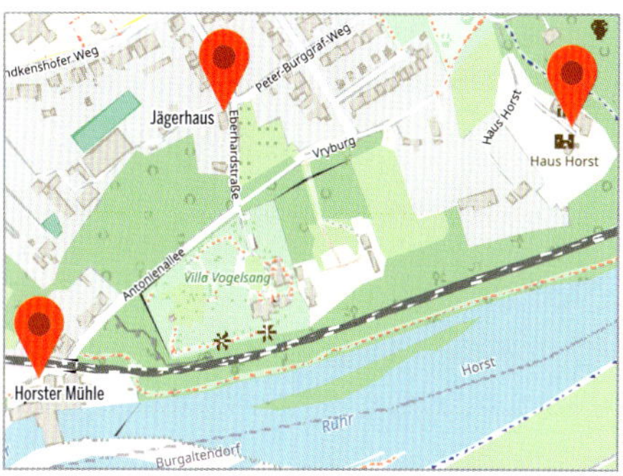

Eberhardstraße 10
45279 Essen

Haus Horst
45279 Essen

Horster Mühle
In der Lake 83A
45279 Essen

17 | Katernberg
Drei Kaiser und eine Frau

Jahrzehnte vor der Erbauung der Zollverein-Architektur von Fritz Schupp und Martin Kremmer, die heute zum Welterbe der UNESCO zählt, entstanden auf Feldern und Wiesen die zugehörigen Arbeiterquartiere mit ihren kerzengeraden Straßen, Plätzen, Arbeiterkolonien und Mietshäusern. Manche dieser Siedlungen muten heute noch wie Goldgräberstädte an, die man nahe der Zechenstandorte zur Befriedigung der grundlegenden Bedürfnisse rasch aus dem Boden stampfte. Ein oft skurriles Nebeneinander bestimmt in Katernberg das Ortsbild. So überraschen uns vier vergoldete Reliefs, welche das Wohn- und Geschäftshaus Katernberger Straße 79 schmücken. Sie verweisen auf das „Dreikaiserjahr" 1888, in dem Wilhelm I. starb, sein Sohn Kaiser Friedrich III. die Regentschaft übernahm und schon nach wenigen Wochen ebenfalls das Zeitliche segnete. Er ging als „99-Tage-Kaiser" in die Geschichte ein. Wilhelm II. folgte nach. Man stellte die drei Monarchen in strenger Profilansicht dar, ähnlich wie auf einer zur Erinnerung an das Dreikaiserjahr geprägten Silbermedaille. Ein viertes Porträt zeigt die mit einem Stirnreif geschmückte, amtierende Kaiserin Auguste Viktoria, eine geborene Prinzessin von Schleswig-Holstein-Sonderburg-Augustenburg.

In Katernberg bot sich 1892 ein erster Anlass, nach dem **Dreikaiserjahr** das Kaiserhaus angemessen zu ehren. Als dem jungen Kaiserpaar Wilhelm II. und Auguste Viktoria ihre erste und einzige Tochter Victoria Luise geboren wurde, erhielt die Katernberger Viktoriastraße zwei Jahre später ihren Namen, der südliche Abschnitt des Straßenzuges wurde „Kaiserstraße" getauft. Acht Jahre

Katernberger Fassade in Erinnerung an das Dreikaiserjahr

Porträt von Kaiserin Auguste Viktoria

Auguste Viktoria und ihre Tochter Victoria

später wurde auf dem Katernberger Markt ein Kaiserdenkmal aufgestellt. Das vom Charlottenburger Bildhauer Arnold Künne geschaffene Standbild zeigte „Wilhelm den Großen" als siegreichen Feldherrn mit Generalsuniform, Helm, Federbusch, Mantel, Marschallstab und Säbel. Am Sockel gab es Reliefs Bismarcks und Moltkes, um die prägenden Persönlichkeiten der Reichsgründung zu vereinen. Zu patriotischen Festlichkeiten, die man auf dem nunmehrigen Kaiser-Wilhelm-Platz abhielt, wurden die Häuser entlang der Hauptstraßen mit Wimpeln und Fahnen geschmückt. Entsprechende Fahnenhalter haben sich am Haus mit den Kaiserbildnissen erhalten. Das Kaiserdenkmal ist hingegen Geschichte. Es wurde im Zweiten Weltkrieg beschädigt und eingeschmolzen und später durch einen Katzenbrunnen ersetzt, der einer volkstümlichen Deutung des Ortsnamens „Katernberg" wohl unberechtigterweise Nahrung gibt.

Wo früher der Kaiser stand, sieht man jetzt Katzen

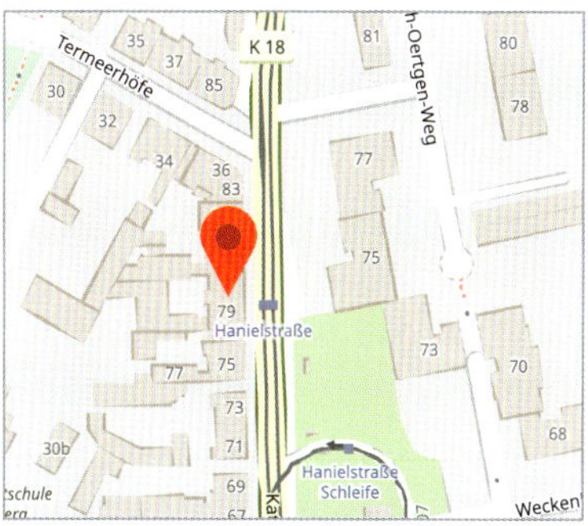

Katernberger Straße 79
45327 Essen

18 | Kettwig
Von echten und falschen Fachwerkhäusern

Die Kettwiger Altstadt gehört zu den beliebtesten Ausflugszielen der Region für Touristen und Einheimische. Doch nicht alles ist hier so beschaulich, wie es scheinen mag. Während der NS-Zeit wollte man Kettwig unter Federführung seines Bürgermeisters Wilhelm Klemm zur mustergültigen „Garten-, Wohn- und Siedlungsstadt" ausbauen und schuf einige prägnante Bauten im NS-Heimatstil. Sie stellen ein schwieriges Erbe dar und dennoch ist ihr Erhalt wichtig, um die ideologische Vereinnahmung von Kunst und Architektur in totalitären Systemen anschaulich zu machen. Bis heute steht die Baukunst weltweit im Dienst von Diktaturen, die sie zur Selbstdarstellung, Beeinflussung, Ausgrenzung und Unterdrückung nutzen.

„Echte" Fachwerkhäuser können wir zum Beispiel in der verwinkelten **Kaiserstraße** bewundern. Sie wurde lange als Gasse bezeichnet, weil der früher ungepflasterte Straßenzug eine Sackverbindung war. Einer lokalgeschichtlichen Überlieferung nach soll es sich trotzdem in alter Zeit um einen Durchgangsweg gehandelt haben, der von deutschen Kaisern passiert wurde. Die hier stehenden Häuser entstanden im 16., vor allem aber im 18. und 19. Jahrhundert. Sie dienten unter anderem als Arbeits- und Wohnstätten von Webern, Tuchmachern und Wollspinnern. Durch die versetzte Anordnung der Gebäude wurde der Lichteinfall optimiert. Die meisten Häuser sind mit gebogenen Kopf- und Fußstreben geschmückt, einige als Wetterschutz mit Schiefer verkleidet. Die

Kaiserstraße

weißen Wandfelder, Tür- und Fensterrahmen, der grau-schwarze Schiefer und die zumeist grüngestrichenen Klappläden werden als „Bergischer Dreiklang" bezeichnet. Sie unterstreichen eine Zugehörigkeit zum „Bergischen Land", obwohl Kettwig nördlich der Ruhr liegt.

Von der Kaiserstraße aus führt ein Rundbogen, der auf den ersten Blick wie ein Stadttor wirkt, auf die Corneliusstraße. Der Bogen gehört aber nicht zu einer Stadtmauer, die es in Kettwig nie gab, sondern zu einem **Hochbunker aus dem Zweiten Weltkrieg**, dessen nackte Betonwände zur idyllischen Umgebung kaum passen wollen. Der Bau „bombensicherer Luftschutzbauten in Eisenbeton" in dichter besiedelten Bereichen wurde 1940 auf Grundlage des Luftschutzgesetzes als Reaktion auf immer häufigere und umfangreichere Bombenangriffe in Angriff genommen. „In ihnen soll nach dem Befehl des Führers [...] jeder Einwohner einen jeder feindlichen Bombeneinwirkung entzogenen Aufenthalts- und Schlafplatz erhalten", wie es in der Essener Volks-Zeitung vom 27. April 1941 heißt. „Alle Erfordernisse des täglichen Lebens sollen für ihn vorhanden sein: Licht, Wärme, Verpflegung. In den Bauten sollen vorbildlich eingerichtete Wasch-, Bade- und Abortanlagen geschaffen sein." Die Planung erfolgte

Bunker an der Corneliusstraße

durch die jeweiligen Stadtbauverwaltungen, wo eine eigene „Entwurfsabteilung für Luftschutzbau" vorgesehen war. Bis 1942 wurden die meisten Bunker fertiggestellt, so auch derjenige zwischen Kaiser- und Corneliusstraße. Wegen seiner Lage am Rande der historischen Altstadt wollte man ihn später mit „deutscher Romantik" verzieren. Hieran erinnert der Durchgangsbogen (der zugleich einem Bunkerzugang als Splitterschutz dient) mit seiner reich profilierten Betonkonsole.

Wenn wir der Corneliusstraße in Richtung Rathaus folgen, erreichen wir die **Schulstraße** und dort das besonders stattliche Fachwerkhaus Nr. 16-18, das sich auffällig in die Straßenflucht schiebt. Erbaut wurde es im Auftrag der Stadt Kettwig als **Heim für die Hitler-Jugend** (HJ). Die Stadt Kettwig stellte das Baugrundstück kostenfrei zur Verfügung und die Finanzierung erfolgte durch die Stadt- und Kreisverwaltung sowie aus Spenden der Bürgerschaft, der Industrie und des Handwerks. Trotzdem galten die HJ-Heime als „Geschenke des Führers", „die allen die Verpflichtung auferlegten, die Jugend in der Idee des Führers zu erziehen".

Das frühere HJ-Heim heute

Fachwerk am HJ-Heim

Im Erdgeschoss waren zwei „Scharräume" und ein „Führerinnenraum" vorgesehen, außerdem gab es einen „Appellflur" für den Bund Deutscher Mädel (BDM). Das Obergeschoss war für die HJ und die Deutsche Jugend (DJ) in ähnlicher Weise aufgeteilt. Der Entwurf, der von der Reichsjugendführung genehmigt werden musste, stammt vom damaligen Stadtbaumeister Karl Pflitsch, der seit 1931 für die Stadt Kettwig tätig war.

Der Grundstein wurde am 27. September 1937 gelegt, die Fertigstellung erfolgte aber erst im Juli 1939. Kurz vorher wurde die Schulstraße auf Beschluss des Rates in „Langemarckstraße" umbenannt. Der „Langemarck-Mythos", der sich auf ein Gefecht im Ersten Weltkrieg bezog, gehörte zum ideologischen Repertoire besonders der HJ und wurde als Gegenbegriff zu „Weimar" verstanden, einem Ort, der die Demokratie der Jahre 1919 bis 1933 repräsentierte. Das HJ-Heim folgte dem Leitwort „Für eine einige Jugend, ein einiges Volk und ein ewiges Deutschland", wie es in der Grundstein-Urkunde hieß. Es sollte ein „steinernes Denkmal von der Einmütigkeit des Willens" darstellen. Die hier anklingende **Gleichschaltung der Gesellschaft** war eine der schlimmsten „Tugenden" des NS-Staates. Abweichler wurden nicht geduldet und ganze Bevölkerungsgruppen ausgeschlossen, bis hin zur physischen Vernichtung ihrer Existenz. Das mit Ruhrsandstein verblendete Erdgeschoss erhielt Stichbogenfenster und Klappläden, Obergeschoss und Giebel zeigten eine Fachwerkkonstruktion. Ein Adler mit Hakenkreuz prangte über der Eingangstür. Die Verwendung bäuerlicher, traditioneller Baumaterialien und Stilformen, wie sie zeitgleich auch im Wohnungsbau, an Parteischulen oder Ordensburgen vorkamen, wurde von Pflitsch als „Verbundenheit mit der Landschaft" charakterisiert. Hier klingt die „Blut-und-Boden-Ideologie" an, mit der man im NS-Staat eine enge Bindung einer rassisch definierten Bevölkerung an ihr Siedlungsgebiet anstrebte.

Zu den Projekten, mit denen die Stadt Kettwig ihre Bedeutung als „Wohn- und Siedlungsstadt" während der NS-Zeit ausbauen wollte, gehört auch die **Rathauserweiterung** von 1938, bei der das früher als Tuchfabrik genutzte Gebäude mit Turm, Giebelfront und Erker ausstaffiert wurde. Mit dieser kulissenartigen Verkleidung, die bei festlichen Anlässen abends mit Scheinwerfern angestrahlt werden konnte, wollte man die Anziehungskraft des Ortes steigern. Auch in der Altstadt selbst gab es das Bedürfnis, einige „stilgerechte" Renovierungen durchzuführen. Davon zeugt etwa die 1937 umgebaute **Brückenschenke** (Am Mühlengraben 2-4) mit der runenhaft eingeschnitzten Jahreszahl am Eckpfeiler oder das im selben Jahr umgestaltete **Ladenlokal an der Hauptstraße 100-102** (Architekt Alfred H. vom Grafen) mit seinem „Bergischen Oberlicht".

Wohnsiedlung „Hummelshagen"

Als ein weiteres Beispiel der NS-Heimatarchitektur kann die in Kettwig 1936 gebaute Kettwiger Wohnsiedlung „Hummelshagen" an der gleichnamigen Straße gelten, deren schlichte Hauskörper über Bruchstein mit Fachwerkgiebeln versehen waren. Es handelte sich bei diesen „Heimstätten" um Eigenheime, die für „Arbeiter der Stirn und der Faust" gedacht waren, als eine „Volkssiedlung im besten Sinne des Wortes". Aus Anlass des Richtfestes der Siedlung, die nach alter Zimmermannstradition begangen wurde, wurde ihr Charakter als „Gemeinschaftswerk" betont, das „ohne die Weltanschauung des Nationalsozialismus […] nicht möglich gewesen wäre". Die hier wohnenden Menschen durften sich freuen, nun ein „Stück deutschen Bodens" zu besitzen, wie es am 23. August 1936 in der Essener Volks-Zeitung hieß.

Hummelshagen, 45219 Essen

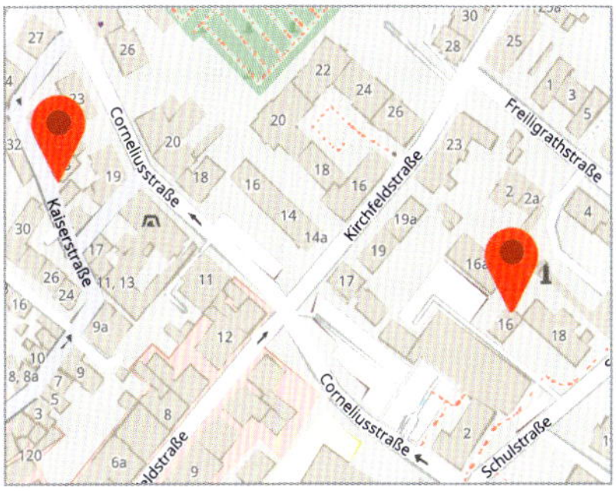

Kaiserstraße/
Schulstraße 16-18
45219 Essen

19 | Kettwig
Das Haus im Kirchfeld und seine Glocke

Über den Dächern der Kettwiger Altstadt erhebt sich ein Belvedere mit geschwungener Haube, das von einem Dachreiter bekrönt wird. Es gehört zum „Haus im Kirchfeld" an der Kirchfeldstraße, das früher außerhalb der Ortschaft lag. Das Gebäude, auch als „Kaiserhof" bekannt, zählt zu den frühesten klassizistischen Bauten an Rhein und Ruhr und ist als Wohnsitz und Produktionsstätte eng mit der Geschichte der Kettwiger Industriellenfamilie Scheidt verbunden. Die Glocke im Dachreiter war nur selten zu hören: Am 18. Januar 1871 wurde sie geläutet, als Wilhelm I. zum Deutschen Kaiser proklamiert wurde, und erneut anlässlich der Deutschen Einheit. Damals stieg Arnhard Scheidt auf den Dachboden des historischen Familiensitzes, um die Glocke anzuschlagen.

Das Unternehmen Scheidt war 1720 gegründet worden. **Johann Wilhelm Scheidt (1773–1848)** ließ 1797 im Kirchfeld eine Spinnmaschine aufstellen, ähnlich einer „Spinning Jenny", die er über seinen Geschäftsfreund Johann Gottfried Brügelmann für die stattliche Summe von 60 Talern erworben hatte. Die Maschine benötigte nur eine einzige Arbeitskraft, um zahlreiche Vorgarnfäden zu produzieren. Mit bis zu 50 Webstühlen erfolgte die Weiterverarbeitung der Fäden. Da es keine gemeinsame Kraftquelle gab (ein entsprechender Versuch mit Tierkraft scheiterte und es wurden mehrere Pferde und Ochsen zu Tode getrieben), handelte es sich streng genommen nicht um eine Fabrik, sondern um eine Manufaktur. Trotzdem galt der Betrieb als das „Wichtigste und

Der Dachaufbau mit dem Glockenträger

Das Haus im Kirchfeld

Eingangsbereich des Vorderhauses

Besehenswürdigste" am Ort, wie der preußische Kammer-Direktor von Rappard 1804 vermerkte. Der Vetter von Johann Wilhelm Scheidt, **Gottfried Wilhelm Scheidt (1764–1821)**, gilt als Bauherr des stattlichen Vorderhauses mit Mittelrisalit, Tempelgiebel und Belvedere, das um 1800 errichtet wurde. Es orientiert sich ganz bewusst an Stilmitteln der Feudalarchitektur, mit denen bürgerliche Kreise ihren wirtschaftlichen Erfolg und Einfluss demonstrierten.

Die nahegelegene Corneliusstraße erinnert daran, dass um 1810 der berühmte Maler **Peter (von) Cornelius (1783–1867)** im Haus im Kirchfeld logierte. Gottfried Wilhelm Scheidt hatte den damals 26 Jahre alten Künstler beauftragt, seine am 13. Dezember 1809 verstorbene kleine Tochter Adelheid zu malen. Cornelius schuf eine düstere Hügellandschaft, wie sie sich bei einem Blick aus den Fenstern des Belvederes geboten haben mag. Ein kleines Mädchen mit hauchzarten

Schmetterlingsflügeln steigt zum Himmel auf, wo die Regenwolken aufbrechen und die warmen Sonnenstrahlen als Sinnbild des Ewigen hindurchlassen. Von der Familie Scheidt wurde das Gemälde später der Städtischen Bildergalerie Düsseldorf gestiftet. Heute gehört es zu den besonders anrührenden Beispielen romantischer Kunst in der Dauerausstellung der Düsseldorfer Kunsthalle. Der Tod der kleinen Adelheid war nicht das einzige Unglück, das die Familie in dieser Zeit traf. Schon im Januar 1809 hatten die Eheleute Gottfried Wilhelm und Charlotte Scheidt den Tod ihres Sohnes August bekannt gemacht. Er war mit 17 Jahren an einer nicht näher bezeichneten „Auszehrungskrankheit" verstorben.

Immer wieder begrüßte man hochrangige Gäste im Haus, das lange Zeit der einzige wirklich repräsentative Wohnsitz am Ort war. So nahm 1814 der Marschall Louis-Nicolas d'Avoût, einer der bedeutendsten Generäle Napoleons, auf seiner Flucht von Hamburg nach Paris im Kirchfeld Quartier. 1833 hielt sich der preußische Kronprinz und spätere König Friedrich Wilhelm IV. auf seiner berühmten Rundreise durch die Rheinprovinz zu Empfang und Frühstück im Hause auf. Nach dem Tod von Gottfried Wilhelm Scheidt firmierte Johann Wilhelm Scheidt ab 1821 unter eigenem Namen. Sein Sohn, **Julius Scheidt (1813–1874)**, errichtete 1837 eine erste Tuchfabrik mit Dampfkraft am Ruhrufer, die den Kern der bis 1962 bestehenden Tuchfabrik J. W. Scheidt darstellte. Er sorgte für den internationalen Erfolg der Firma, die später sogar ein Tuchlager in New York unterhielt. Sein Sohn, Johann Wilhelm Scheidt d. J., wurde 1874 Alleininhaber und erweiterte das Unternehmen um eine Kammgarnspinnerei (die heutigen „Scheidt'schen Hallen"), die erst 1974, kurz vor der Eingemeindung Kettwigs, den Betrieb einstellte.

Das Haus im Kirchfeld blieb im Eigentum der Familie Scheidt, auch wenn es nach dem Bau weiterer Wohnhäuser und Villen als Wohnsitz nicht mehr benötigt wurde. 1885 eröffnete hier das **Hotel Kaiserhof**. Der Hotelier Carl Hassiepen warb mit „herrlichster Aussicht und großem Garten" und empfahl sein Etablissement insbesondere zum Sommer-Aufenthalt. Das Hotel wurde schon nach kurzer Zeit von Richard Heyne übernommen. In „Heyne's Hotel Kaiserhof" lud man an Pfingsten zum „Grossen Fest-Table d'hôte" mit erlesenem Menu französischer Art: „Ochsenschwanz-Suppe, Seezunge mit Remoladensauce, Roastbeef à la Jardiniere, Spargel mit Schinken u. ger. Lachs, Rehbraten, Compôte, Salat, Vanille, Creme, Dessert". Stolz wies man darauf hin, dass hier schon der spätere König Friedrich Wilhelm IV. abgestiegen war. Das Hotel inserierte letztmalig 1893, bald darauf scheint der Betrieb eingestellt worden zu sein.

Fünf Jahre später richtete die Tuchfabrik J. W. Scheidt im Kaiserhof ein Heim und „Kasino" für Beamte und Arbeiter und eine Konsum-Anstalt nach dem „Kruppschen System" ein. „Die Waren sollen zu billigem Preise abgegeben werden, das Glas Bier (0,25 Liter) soll 8 Pfennige kosten". Der Reingewinn des Unternehmens wurde den Konsumenten am Jahresende gutgeschrieben. Ende 1909 eröffnete im Gebäude eine städtische „Volksbibliothek", in der man sich unentgeltlich Bücher ausleihen durfte.

1927 gelang es der Stadt Kettwig mit Unterstützung der Firma J. W. Scheidt, die vom Verein „Volkssport e. V. Detmold" betriebene **Sportschule** nach Kettwig zu holen und im Kaiserhof unterzubringen. Mit der überregional bedeutsamen Schule wollte man Kettwig zu einem „Mittelpunkt des Volkssports" im rheinisch-westfälischen Industriebezirk ausbauen. Spätestens mit der Machtergreifung der Nationalsozialisten endete die kurze Geschichte des Instituts. 1934 mietete die Stadt Kettwig den Kaiserhof an, um hier die Geschäftsstelle der NSDAP und verschiedene Organisationen wie das Winterhilfswerk (WhW) oder die Dienststelle des „Sturmes 15/172" unterzubringen. Die frühere Manufaktur, die hinter dem Wohnhaus lag, wurde 1984 abgerissen und durch moderne Wohnhäuser ersetzt. Heute ist der Kaiserhof ein Bürogebäude, in dem unter anderem die Grundstücksgesellschaft Kettwig als Nachfolgerin der Johann Wilhelm Scheidt AG ihren Sitz hat.

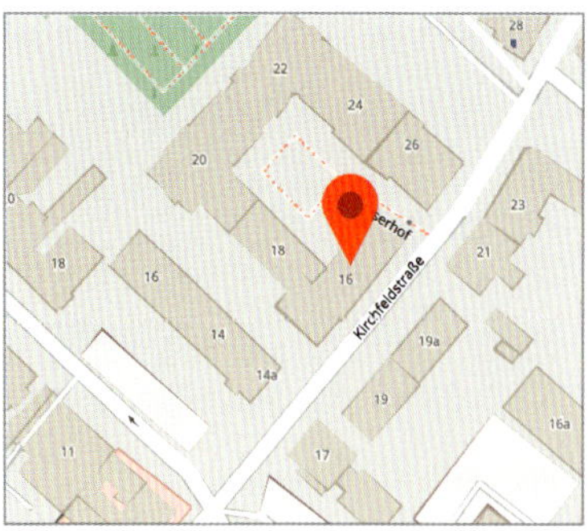

Haus im Kirchfeld
Kirchfeldstraße 16
45219 Essen

20 | Kray
Der Schneckenreiter

Der Putto, der auf einer Schnecke unterwegs ist, hat es sich wohl selbst zuzuschreiben, wenn er nicht recht vorwärtskommt. Ein großes Blatt bewahrt ihn vor Regen und dem stechenden Sonnenlicht. Sein Gegenüber hat sich auf den Rücken eines Delfins gesetzt und muss nun unter der großen Fluke vor der aufspritzenden Gischt Schutz suchen. Aktdarstellungen, die mit ihren Attributen für Handel (Merkurstab und Schiff) und Industrie (Zahnrad und Amboss) stehen, ergänzen das humorvolle Bildprogramm am Wohnhaus Blittersdorfweg 6. Mit einem voluminösem Dachaufbau lenkt das Haus die Blicke auf sich und soll die Passanten von der nahen Krayer Straße aus in eine der schönsten Jugendstilviertel der Stadt locken. Geschaffen hat diese Wunderwelt der Architekt Karl Hausmann (1867–1933). Als Bauunternehmer und Lokalpolitiker gehörte er zum Establishment der Bürgermeisterei Kray-Leithe, die 1906 ihre Selbständigkeit erlangte. Hausmann war so erfolgreich, dass er sich getrost über alle lustig machen konnte, die auf das „falsche Pferd" gesetzt hatten.

In der aufstrebenden Bergbaugemeinde Kray, die um 1900 noch zur Bürgermeisterei Stoppenberg gehörte, arbeiteten die meisten Familienväter auf den örtlichen Zechen und Schachtanlagen, auf Bonifacius, Katharina und Friedrich-Joachim. In günstiger Geschäftslage an der **Leither Straße 19**, ganz in der Nähe der beiden neuen Kirchen und des Bahnhofs Kray-Nord, erbaute sich Hausmann 1901–02 sein repräsentatives Domizil mit Vorgarten und reich verzierter Einfriedung. Im Inneren gab es eine „hochherrschaftliche" Raumfolge aus Salon, Wohnzimmer mit Erker und Esszimmer, außerdem eine große Küche mit

Der Schneckenreiter am Haus im Blittersdorfweg 6

Eingang der Villa Hausmann

Speisekammer. Die Schlafräume lagen im Obergeschoss, bewacht durch die in Stuck gearbeitete Löwenmaske an der Fassade. Als Hauseingang dient ein protziger Tempelportikus, dessen Inschrift „Steht fest mein Haus, im Weltgebraus" als Hinweis auf die Bonität des Bauunternehmens gedeutet werden kann; denn ein zur Bartlingstraße reichender Anbau nahm die Betriebsräume mit Holzschuppen, Lagern, Remise, Pferdestall und Schreinerei auf.

Es gab auch ein Büro, auf das bis heute ein in Stuck gearbeitetes Hinweisschild verweist. Es diente sicher auch als Anlaufstelle für Wohnungsinteressenten und Mieter. Hausmann baute nicht nur Siedlungshäuser im Auftrag der Zechen, sondern er trat auch selbst als Bauherr und Wohnungsspekulant auf. Lange führte er den Vorsitz im örtlichen „Haus- und Grundbesitzerverein" und war als Vorstandsmitglied im Verband der Haus- und Grundbesitzervereine des Ruhrkohlenbezirks tätig. Er erwarb sich um den Essener Hausbesitz „bleibende Verdienste" und trat „in der gesamten deutschen Haus- und Grundbesitzerbewegung führend" hervor, wie später in seinem Nachruf zu lesen war. Die im großen Stil agierenden, privaten Bauherren wurden damals auch als „Häuserkönige" bezeichnet. Da sie nicht so günstige Bedingungen wie der Werkswohnungsbau bieten konnten, standen Bauunternehmer unter Generalverdacht, etwa wenn es um Mietwucher, überlaufende Abortgruben oder das „Trockenwohnen" ging. Andererseits konnten die Zechen oder Fabriken den Bedarf an Wohnungen auch nicht annähernd decken. So trugen Bauunternehmer durchaus dazu bei, die im Stadt- und Landkreis Essen herrschende Wohnungsnot zu mildern.

Hausmann firmierte anders als die meisten Bauunternehmer, die ausgebildete Maurer- oder Schreinermeister waren, vorrangig als Architekt. Er unterstrich damit seinen baukünstlerischen Anspruch, den er werbewirksam unter anderem mit der Bebauung an der Theodorstraße, am heutigen **Blittersdorfweg**, unter Beweis stellte. Die ursprüngliche Sackstraße ließ er an die Hauptstraße anbinden und erschloss hier ein „schönes Bauterrain" im Mittelpunkt der Gemeinde. Mit variierenden Giebel-, Erker- und Fensterformen schuf er ab 1903 ein abwechslungsreiches Straßenbild. Während die Häuser der ungeraden Straßenseite noch unter dem Einfluss des Jugendstils entstanden, zeigen die 1911 gebauten Häuser Nr. 6 bis 10a wuchtige, neoklassizistische Formen. Eine der Frauen, die am Haus Nr. 10 das Gebälk der Mansarde stützen muss, hält ein Füllhorn auf dem Arm, aus dem pralle Früchte als Sinnbild des wirtschaftlichen Aufschwungs hervorquellen.

Jugendstilhäuser am Blittersdorfweg

Der Frühling

Je nach Bedarf beschäftigte Hausmann zahlreiche Mitarbeiter, Bauschreiner, Innenputzer, Maurer oder Handlanger, die er über Zeitungsannoncen anwarb. So waren auf den einzelnen Baustellen bis zu 16 Arbeiter im Einsatz. Da Hausmann gleich mehrere Wohnhäuser zur selben Zeit errichtete, konnte er seine Leute effektiv einsetzen. So entstand ebenfalls 1911 auf dem Eckgrundstück neben seiner Villa ein weiteres stattliches Wohn- und Geschäftshaus (**Leither Straße 15**). Über den Schaufenstern sind Friese mit Putten und Tieren angeordnet. Sie bilden einen bizarren Bacchantenzug, der dem Themenkreis der Jahreszeiten gewidmet ist: Im Frühling tanzen die Figürchen, pflücken Blumen und die Böcklein springen. Im Sommer fangen sie Schmetterlinge mit einem Netz, im Herbst pflücken sie das Obst und im Winter holen sie mit einem Rentier-Schlitten den Tannenbaum für das Weihnachtsfest aus dem Wald.

Bekannt ist Hausmann nicht zuletzt für sein gemeinnütziges Engagement: Schon 1901 gehörte er zu den Gründern der Freiwilligen Berufs-Feuerwehr, der er bis 1905 sogar als „1. Chef" vorstand. Für die Übungen der Feuerwehr baute er 1903 auf dem nahen Marktplatz den Steigerturm. Ehrenamtlich war er außerdem im Sauerländischen Gebirgsvereins und im Krayer Krieger- und Landwehrverein aktiv. Von noch größerer Bedeutung ist Hausmanns kommunalpolitisches Wirken. Als Folge der bis 1919 gültigen **Meistbegüterten-Regelung in den Landgemeinden** gehörte er als Grundbesitzer per se dem Gemeinderat und der Bürgermeisterei-Versammlung an. In der 90 Mitglieder zählenden Bürgermeisterei-Versammlung Stoppenberg gab es nur 15 gewählte Mitglieder. Alle übrigen waren Meistbegüterte. Darunter befanden sich alleine acht Bauunternehmer.

Als am 30. Mai 1906 die **Gemeinde Kray-Leithe** als eigenständige Bürgermeisterei ausgegliedert wurde, löste dies noch einmal einen größeren Bauboom vor allem im Umfeld des Krayer Marktplatzes aus. Hausmann gehörte der Kommission an, die sich sogleich mit der Errichtung eines repräsentativen Rathauses beschäftigte, mit dem sich die neue Gemeinde ein bleibendes Denkmal setzte. Als 1911 eine Auflösung der Bürgermeisterei drohte, deren Gebiet man anteilig zu Rotthausen und Steele schlagen wollte, engagierte sich Hausmann erfolgreich in der entsprechenden Protestbewegung. 1915 wurde er sogar in den neuen Kreistag gewählt. Auf Dauer konnte aber auch er nicht verhindern, dass Kray bei der Auflösung des Kreises Essen 1929 ein Teil der Stadt Essen wurde. Bereits seit einigen Jahren gesundheitlich angeschlagen, starb er 1933 im Alter von 66 Jahren. „Am Freitagnachmittag", so berichtete die Essener Allgemeine Zeitung am 16. September, „wurde der in weitesten Kreisen bekannte Architekt Karl Hausmann unter Anteilnahme von zahlreichen Vereinen zu Grabe getragen. Der Verstorbene war einer der angesehensten Bürger von Kray." Seine letzte Ruhestätte fand er auf dem evangelischen Teil des Friedhofs an der Leither Straße, wo sein Grabstein bis heute erhalten ist.

Krayer Rathaus

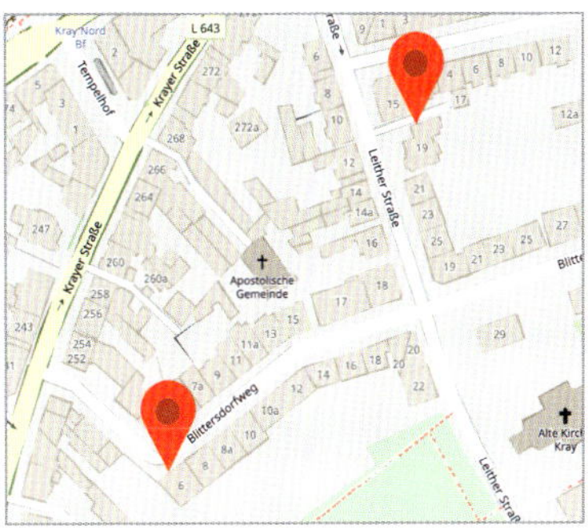

Blittersdorfweg 6 u. a./
Leither Straße 15-19
45307 Essen

21| Steele
Das verschwundene Königssteele

Dass die Grenze zwischen Rheinland und Westfalen lange Zeit mitten durch den heutigen Stadtteil Steele verlief, ist weitgehend in Vergessenheit geraten. Erst am 1. April 1926 wurde das „Amt Königssteele" einschließlich der Ortsteile Freisenbruch, Eiberg und Horst zu Steele eingemeindet, schon drei Jahre später wurde das Gebiet Teil der Stadt Essen. Die Ortsbezeichnung „Königssteele" verschwand von der Landkarte, der frühere Grenzverlauf unmittelbar westlich des Dreiringplatzes ist heute kaum noch auszumachen. Erst auf den zweiten Blick lassen sich noch Spuren der einstigen Teilung finden. Einen Hinweis bietet zum Beispiel das Altargemälde der Friedenskirche, die den Dreiringplatz an seiner Nordseite beherrscht. Das Gemälde ist in den neugotischen Altaraufsatz eingefügt, wurde aber schon 1833/34 von Adolf Zimmermann, einem Nazarener der Düsseldorfer Schule, geschaffen. Es ist ein Rest der Ausstattung der um 1700 erbauten Vorgängerkirche und stellt die Anbetung des Jesuskindes durch die Hirten dar.

Dieses bescheidene „Kirchlein" und das ganze Königssteele, früher **„Steelerberg"** genannt, lag im Märkischen, in der seit 1243 bestehenden Grafschaft Mark. Die Stadt Steele war hingegen Teil des Fürstentums Essen, dessen Bevölkerung nach den Bestimmungen des Augsburger Reichs- und Religionsfriedens fast ganz dem katholischen Glauben anhing: Cuius regio, eius religio! Die Herrscher der einzelnen Territorien waren berechtigt, die Religion ihrer Bewohner zu bestimmen. Dieses Reichsgesetz hatte zwar nach dem Dreißigjährigen Krieg seine Gültigkeit eingebüßt, wirkte aber längerfristig nach. So wurden im Essener Stiftsgebiet (mit Ausnahme der aufsässigen „freien"

Kanzel und Altar der Friedenskirche

Friedenskirche

Reichsstadt Essen) keine Protestanten geduldet. Dies galt auch für Steele. Die Einflusssphäre der Essener Fürstäbtissinnen endete allerdings ein paar Meter außerhalb der Steeler Stadtmauer an der „Ruhrbroch's Becke", welche die Grenze zur Grafschaft Mark bildete. Die Grafschaft gelangte als Folge des Jülich-Klevischen Erbfolgestreites als eine Art Streubesitz zu Brandenburg bzw. zu Preußen. Die preußische Bevölkerung und ihr Herrscherhaus waren aber seit der Reformation evangelisch geprägt.

Schon Ende des 16. Jahrhunderts hatte sich die **Reformation** im Stiftsgebiet und in der Stadt Steele durchgesetzt. In Steele sollen damals kaum mehr drei Haushaltungen dem katholischen Glauben angehört haben. Eine Zeit lang wurde die Steeler Kirche St. Laurentius sogar simultan von beiden Konfessionen genutzt. Doch dann erließ die Essener Fürstäbtissin Maria Clara von Spauer eine Religionsverordnung, die allen Stiftseingesessenen die Rückkehr zum alten Glauben gebot. Zur Durchsetzung ihrer Forderung kam ihr die Besetzung des Essener Gebietes durch spanische Truppen 1623 sehr gelegen. Sie ließ den evangelischen Gottesdienst offiziell verbieten. An Pfingsten 1628 wurde als äußeres Zeichen der **Rekatholisierung** in Steele wieder eine traditionelle Hagelprozession mit Predigten veranstaltet, von denen eine auch am Steelerberg unter den Linden gehalten wurde.

Damit war das Ringen um die Steeler Kirche noch lange nicht entschieden. Ganz wie es das Kampfgeschehen des Dreißigjährigen Krieges vorgab, bekam in den kommenden Jahren mal die eine mal die andere Seite Auftrieb. Am 20. Juli 1634 versuchten sogar die Calvinisten mit Gewalt in der Laurentiuskirche eine reformierte Predigt zu erzwingen, scheiterten aber am Widerstand der Messebesucher. Schließlich blieb den evangelisch-lutherischen Haushalten keine andere Wahl, als mit ihren Gottesdiensten in die Grafschaft Mark, also auf brandenburgisches Gebiet auszuweichen. 1695 gestattete Kurfürst Friedrich III., hier, auf der Grenze des Amtes Bochum, eine **protestantische Kirche und Schule** zu bauen. Am Standort der heutigen Kirche konnte unter freiem Himmel der erste evangelische Gottesdienst gefeiert werden. Bald darauf berief die Gemeinde den Dortmunder Pfarrer Johann Christoph Seher zu ihrem ersten ordentlichen Prediger. Obwohl die Essener Fürstäbtissin den Bau noch zu verhindern suchte, konnte die Kirche um 1701 fertiggestellt werden.

Die vor dem Isinger Tor vorhandene Bauerschaft Steelerberg, durch die der Hellweg in Richtung Bochum verlief, bestand nur aus wenigen Höfen und Kotten. Trotz der Landesgrenze waren die Pfarrsprengel der katholischen und anfangs noch sehr kleinen **Evangelischen Kirchengemeinde Königssteele** identisch. Das Zusammenleben mit der Nachbarstadt Steele sorgte gleichwohl für zahlreiche Konflikte, etwa um die gemeinsame Nutzung des Sumpflandes, des so genannten „Grend", als Viehweide. Hier kam es zu einem langwierigen Rechtsstreit, in dessen Verlauf die märkischen Bauern 1717 auf Steeler Territorium vordrangen und das dort weidende Vieh beschlagnahmten. Mit dieser Grenzverletzung wurde nicht nur der preußische König befasst, sondern sogar Kaiser Karl VI., bei dem die Essener Fürstäbtissin Beschwerde einlegte. Kurz darauf findet in einer Urkunde von 1718 erstmals die Ortsbezeichnung „Königssteele" Verwendung. Kurfürst Friedrich III. von Brandenburg hatte sich schon 1701 selbst zum „König in Preußen" gekrönt.

Die Lage auf preußischem Gebiet begünstigte die wirtschaftliche Entwicklung und führte 1723 zur Gründung einer königlich privilegierten **Glasmanufaktur** auf der Fläche des heutigen Dreiringplatzes, zu der auch ein großer Glasofen gehörte. Diese „Knohlsche Glashütte" lag wie die Kirche nur wenige Meter von der Stiftsgrenze entfernt. 1824 übernahm Friedrich Ignaz Wisthoff (1792–1863) die Leitung des Unternehmens, nachdem er schon zuvor Teilhaber geworden war. Der Essener Industrielle hatte bereits mit 22 Jahren das Eisenwalzwerk „Stemmer & Comp." an der Spillenburg geleitet und ab 1819 die „Schellenberger Glashütte" übernommen. Nun vereinte er die Unternehmen 1826 als Handelsgesellschaft zur „Schellenberger und Steeler Glashütte". Er modernisierte den Betrieb grundlegend. In dieser Zeit entstand das **Wohnhaus Wisthoff** am heutigen Dreiringplatz, ein Fachwerkbau mit Schieferverkleidung im schlichten Barockstil. In der Glashütte wurde vor allem Hohlglas produziert. Die hier hergestellten Vitriolflaschen brachten internationale Anerkennung. 1856 baute Wisthoff eine große Hütte speziell für Tafelglas. So konnten 1860 nach einem schweren Hagelunwetter, das die Stadt Leipzig heimgesucht hatte, „beträchtliche Sendungen Fensterglas" aus Königssteele nach Sachsen geliefert werden.

Ferdinand Wisthoff (1834–1882) wurde von seinem Vater zum Geschäftsnachfolger ausersehen. Er baute die Glashütte weiter aus und galt bald neben Alfred Krupp als einer der erfolgreichsten Unternehmerpersönlichkeiten weit und breit. Er gehörte zu den Mitgliedern der Preis-Jury bei der Internationalen Industrie-Ausstellung in London von 1862. Preise erhielt das Unternehmen nicht nur in London, sondern auch auf der Pariser und Wiener Ausstellung. Wisthoff erlangte im Laufe der Jahre diverse wertvolle Patente, etwa 1881 für eine Universalflaschenform zur Herstellung von Flacons und Medizingläsern. Für das

Haus Wisthoff und die Eingangstür

„Fürstenzimmer" der Düsseldorfer Ausstellung von 1880 stellte Wisthoff die Fenster aus verbleitem Kathedralglas her. Ferdinand Wisthoff war Ritter mehrerer Orden und Präsident des katholischen Kirchenvorstandes, er wirkte als Standesbeamter und im Waisenrat mit. Als Ortsvorsteher von Königssteele bestimmte er zudem die politischen Belange der Gemeinde. Eine maßgebliche Rolle spielte er bei der Gründung der Gasanstalt in Königssteele 1864, die auch Steele mitversorgen sollte. Die Glashütte blieb bis 1969 im Besitz der Familie. Dann wurde sie in die Steeler Ruhraue verlegt, wo bis heute unter dem Namen „Gerresheimer Essen GmbH" Behälterglas für die Pharma-, Kosmetik- und Nahrungsmittelindustrie produziert wird.

Friedenskirche

Die bis 1872 vom Essener Architekten Julius Flügge (1843–1920) erbaute Friedenskirche verweist mit ihrem Namen auf das „Friedens- und Dankfest", das am Tag der Grundsteinlegung, am 18. Juni 1871, nach dem Sieg über Frankreich gefeiert wurde. Sie ist ein Musterbeispiel für das im evangelischen Kirchenbau geltende Eisenacher Regulativ: Sandsteinverblendung, Turm, Mittelgang, Kanzel am Chorbogen und gemauerte Apsis sowie der gotische Baustil wurden damals favorisiert.

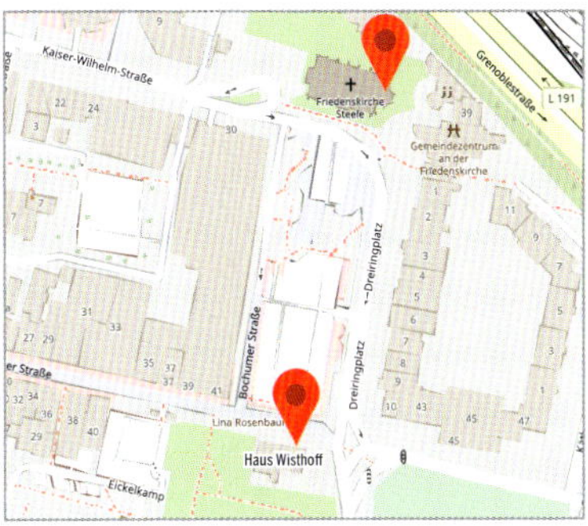

Friedenskirche
Kaiser-Wilhelm-Straße 37
45279 Essen

Haus Wisthoff
Bochumer Straße 50
45279 Essen

22 | Steele
Die Cholera, ein Heiligenhäuschen und der „Kulturkampf“

An der Augenerstraße im früher evangelisch geprägten Königssteele steht ein Heiligenhäuschen, dessen kleine Giebelfront mit zwei Fialen geschmückt ist, so als träume es davon, ein stattlicher Dom zu sein. Die Straße war ein alter Prozessionsweg, auf dem zwischen Steele und Freisenbruch aus Angst vor Hagelschlag Bittgänge zur Schonung der Feldfrüchte abgehalten wurden. Seit 1871 gehörte das Grundstück der katholischen Gemeinde. Einer Überlieferung nach soll der Steeler Goldschmied Jakob Krebs die Kapelle anstelle eines bereits vorhandenen Bildstockes aus privaten Mitteln errichtet haben, aus Dankbarkeit, die schwere Choleraepidemie überlebt zu haben. Später geriet das bescheidene Gotteshaus zwischen die Fronten des „Kulturkampfes“, in dem sich unten im Ort die Friedenskirche und die St. Laurentiuskirche wie Rivalen gegenüberstanden. Das Klima zwischen Protestanten und Katholiken wurde durch die Maßnahmen vergiftet, mit denen Bismarck die althergebrachten Rechte und Privilegien der katholischen Kirche beschneiden wollte.

Nach der Pockenepidemie von 1865 war die **Cholera** am 30. April 1866 im Regierungsbezirk Düsseldorf ausgebrochen und erreichte im Juli Duisburg, Mülheim und Wattenscheid. Man wusste bereits, dass die Krankheit durch verdorbenes Wasser und unzureichende Abortanlagen, etwa in den Zechen, begünstigt wurde. Eine fehlende Kanalisation trug ebenfalls zur Ausbreitung bei. Öffentliche Veranstaltungen wurden abgesagt und man empfahl der Be-

Die Kapelle an der Augenerstraße

völkerung verschiedenste Gegenmaßnahmen, wie etwa das Entzünden von Teerfeuern oder den Einsatz von Chlorkalk und Eisenvitriol-Lauge. Findige Geschäftsleute verkauften zur Vorbeugung „Cholera-Bitter" in Flaschen. Bis Ende September desselben Jahres erkrankten allein im Kreis Essen über 2.400 Menschen, von denen 950 starben – in der Regel binnen weniger Tage. Bis Mitte Oktober, als die Krankheit allmählich abebbte, fanden in Steele etwa vier Prozent der Bevölkerung den Tod, allein in der katholischen Gemeinde waren über 200 Opfer zu beklagen. Die Verstorbenen mussten ohne Trauerfeier bestattet werden. 1867 kam es erneut zu einem Ausbruch der Cholera mit weiteren Todesfällen. Da es bis dahin in Steele noch kein Krankenhaus gab, nahm der Königssteeler Industrielle **Ferdinand Wisthoff** Barmherzige Schwestern in seiner Villa auf, die bis zum Bau des katholischen Laurentiushospitals, das 1868 fertig wurde, die Erkrankten in ihren Wohnungen pflegten. Außerdem wurden 1873 Isolierhäuser für eine mögliche Epidemie errichtet. Erst 1889 wurde ganz in der Nähe des Heiligenhäuschens ein evangelisches Krankenhaus eröffnet, das „Lutherhaus", das auf eine Initiative von Pastor Gustav Augener zurückgeht. Heute gehört die Einrichtung zum Alfried-Krupp-Krankenhaus.

Das Verhältnis der katholischen Kirche zum preußischen Staat war in den Provinzen Rheinland und Westfalen seit Anfang des 19. Jahrhunderts äußerst angespannt und hatte bereits im „Kölner Ereignis" von 1837, der Inhaftierung des Kölner Erzbischofs Clemens August, einen ersten traurigen Höhepunkt erreicht. Nach einigen Jahren der Entspannung unter Friedrich Wilhelm IV. flammte der Konflikt im Anschluss an die Reichsgründung umso heftiger wieder auf. Am 5. Februar 1873 behandelte die Essener Zeitung den **Kulturkampf** erstmals in einem Beitrag über die aktuelle politische Lage. Im Kulturkampf sah man „eine Episode in dem Jahrhunderte alten Ringen der Europäischen Völker gegen die Anschauungen und Institutionen des Mittelalters".

Vor allem wollte man mit kirchenpolitischen Gesetzen das Verhältnis der katholischen Kirche zum Staat klären. Während die unierte evangelische Kirche in Preußen, die durch den Zusammenschluss der reformierten und lutherischen Gemeinde ab 1819 entstanden war, die Staatsmacht uneingeschränkt anerkannte (der preußische König war zugleich oberster Bischof der evangelischen Kirche), sahen sich die katholischen Kirchenverantwortlichen und amtierenden Bischöfe allein dem Papst unterstellt. Als erstes wurde 1872 ein Schulaufsichtsgesetz erlassen, das alle Lehrkräfte zu Staatsdienern machte. Dann folgten die „Maigesetze" von 1873, 1874 und 1875. Sie betrafen die Ausbildung der Geistlichen, die kirchliche Disziplinargewalt und die Ausübung von Kirchenämtern. Außerdem wurden zu guter Letzt alle geistlichen Orden verboten, die sich nicht der Krankenpflege widmeten. Die Kirchenverantwortlichen gerieten durch diese massiven Eingriffe in einen Loyalitätskonflikt zwischen Staat und Vatikan. Wer sich den gesetzlichen Bestimmungen widersetzte, dem begegnete der Staat mit der vollen Härte seiner Rechtsmittel. So weigerte sich der **Kölner Erzbischof Paulus Melchers (1813–1895)** bei der Verleihung geistlicher Ämter die nun erforderliche Genehmigung einzuholen. Es kam zu mehreren Strafverfahren, und da er die ihm auferlegten Geldstrafen nicht zahlen wollte, wurde Melchers am 31. März

1874 durch den Kölner Polizeipräsidenten und früheren Essener Landrat Leopold Devens verhaftet und für mehrere Monate eingesperrt. Auch auf Pfarrebene kam es zu ähnlichen Verurteilungen und Inhaftierungen katholischer Geistlicher.

Die Verhaftung von Melchers hatte gleich in mehrfacher Hinsicht Auswirkungen auf die katholische Kirchengemeinde in Steele. Die bereits fertiggestellte neue **St. Laurentiuskirche** konnte nicht geweiht werden, da der zuständige Bischof abkömmlich war. Die Gemeinde selbst kam in Konflikt mit den Behörden, als über die Presse bekannt wurde, dass die neue Kirchenglocke die folgende aufgegossene Aufschrift in Latein tragen sollte:

„Um sankt Bonifaz´ens Tochter muß ich klagen,
Sie, die frei geboren, sklavisch wird geschlagen!
Pius Papst den Neunten durft man vom Throne zerren! –
Paulus, Erzbischof von Köllen, in´s Gefängnis sperren!“

Die Königliche Regierung zu Düsseldorf ordnete die Entfernung der Inschrift an. Anfang Dezember 1874 wurde sie in Anwesenheit des Steeler Bürgermeisters Theodor Freiherr von Cloedt abgefeilt. Als der Erzbischof wieder auf freiem Fuß war und die Weihe der Pfarrkirche im Mai 1875 endlich erfolgen konnte, drohte weiterer Ärger. Da es Gerüchte über mögliche Proteste aus dem benachbarten Königssteele gab, wurden vorsichtshalber die Gendarmen der Umgebung in Steele zusammengezogen. Außer, dass ein Transparent beschlagnahmt wurde, lief aber alles friedlich ab. Mit Festschmuck und nächtlicher Illumination gelang den Katholiken sogar eine durchaus selbstbewusste Machtdemonstration in schweren Zeiten. Da inzwischen auch in Königssteele viele Katholiken wohnten, ging der Konflikt mitten durch Straßen und Häuser. Für die katholische Sache engagierte sich besonders der Glashütten-Besitzer und Ortsvorsteher **Ferdinand Wisthoff**, der für die Kirchenweihe den Erzbischof mit seinem Wagen persönlich aus Essen abholte und nach Steele brachte. Nach der Feier bewirtete er den hohen Gast in seiner Villa, wo Melchers auch das Nachtquartier bezog. Für Melchers war es gleichwohl kein gutes Jahr. Denn nach zahlreichen weiteren Repressalien der Regierung entzog er sich einer weiteren Verhaftung durch Flucht in die Niederlande.

Am 20. Juni 1878 wurde folgender Leserbrief in der Essener Volks-Zeitung veröffentlicht: „Die katholische Pfarrgemeinde Steele besitzt in der Nachbargemeinde Königssteele-Freisenbruch am sogenannten Prozessionswege ein Kapellchen, wo alljährlich am Fronleichnamsfeste der Segen gegeben wird. Dasselbe mußte vor Kurzem, weil es in Folge wiederholter und muthwilliger Beschädigun-

Friedenskirche
und
St. Laurentius

Mariensäule auf
dem Grendplatz

gen arg gelitten, für die bevorstehende Fronleichnamsprozession einer gründlichen und kostspieligen Restauration unterworfen werden. Als nun eben das Innere einen neuen Anstrich bekommen, fand man schon am folgenden Tag den darin befindlichen Altar mit dickem Schlackensand, sowie die Statuen mit Koth beschmutzt, welcher von vorbeiziehenden Schulbuben massenweise durch die Fensterdrahtgitter hineingeworfen wurde." Kaum war dieser Schaden behoben, wurden zwei Jungen der evangelischen Schule dabei erwischt, wie sie in die Kapelle einbrechen wollten. Während der Messe in St. Laurentius wurde ein erneuter Einbruchsversuch vorgenommen und zwei Blumenbuketts entwendet. Womöglich waren alle diese Delikte den konfessionellen Rivalitäten geschuldet.

Bald darauf entspannte sich die Situation. Als äußeres Zeichen mag die Errichtung der **Mariensäule** auf dem Grendplatz anzusehen sein, die 1885 zwischen kirchlicher und politischer Gemeinde vereinbart wurde. Der Kirchengemeinde wurde dabei die Erlaubnis zugesprochen, die Säule als Standort eines Altares für die Fronleichnamsprozession nutzen zu dürfen. Das bisher an dieser Stelle vorhandene Heiligenhäuschen wurde allerdings abgebrochen. Jakob Krebs soll die darin aufgestellte alte Pietá in das Kapellchen an der Augenerstraße übertragen haben, das seitdem als „Zur schmerzhaften Mutter" bezeichnet wird.

Wisthoffpark

An die 1943 nach einem Bombenangriff abgebrannte Villa von Ferdinand Wisthoff, in der Erzbischof Melchers zu Gast war, erinnert in der Nähe der Kapelle der Wisthoffpark am Villenweg.

Kapelle „Zur schmerzhaften Mutter"
Augenerstraße bei Nr. 47
45276 Essen

23 | Südostviertel
Clemens und Ferdinande – Denkmal einer grossen Liebe

Der Friedhof „Am Kettwiger Tor“ wurde 1827 angelegt und mehrfach vergrößert, musste aber in den 1950er Jahren dem Ausbau des „Ruhrschnellweges“ und der Anlage eines Autobahntunnels weichen. Die meisten Grabstätten fanden auf einem Areal des Ostfriedhofs an der Saarbrücker Straße eine neue Bleibe. Man verlegte sowohl die kostbaren Grabskulpturen als auch die dazugehörigen Verstorbenen. Dies gilt auch für Clemens und Ferdinande von Asbeck. Ihr Grab ist Denkmal einer großen Liebe und gehört zu den ältesten Monumenten der Stadt, die an eine Migrantin erinnern.

Neben den pompösen Familiengrüften der Gründerzeit mit ihren Marmorsäulen, Bronze- oder Galvanoplastiken müssen sich die weitaus schlichteren Grabstätten aus der Frühzeit des Friedhofs mühsam behaupten. Sie bestehen aus Naturstein oder Eisen und sind an antike oder gotische Vorbilder angelehnt. Geschmückt sind sie mit Tempelgiebeln, aufgesetzten Akroterien oder Zinnen, sie haben die Form einer Stele, einer zerborstenen Säule oder eines auf der Spitze stehenden Würfels. Die verwendeten **Symbole**, etwa die geflügelte Sanduhr oder die Amphore, verweisen auf die Vergänglichkeit des Lebens. So stehen die gekehrten Fackeln für das verlöschende Lebenslicht, der Mohnkolben symbolisiert den Schlaf, der noch heute als „kleiner Bruder“ des Todes bezeichnet wird. Als Sinnbild des ewigen Lebens gelten die Efeuranke, die Glocke oder der Ouroboros. Hierbei handelt es sich um eine sich selbst verzehrende Schlange, die sich um einen Anker als Zeichen der Hoffnung oder um zwei ver-

Grabsteine vom Friedhof am Kettwiger Tor

Das Grabmal Philipp Jacob Steininger

Ouroboros

Grab des Freiherrn von Asbeck und seiner Frau

schlungene Hände als Hinweis auf die unverbrüchliche eheliche Treue windet. Immer wieder sehen wir den Schmetterling. Mit dem Verweis auf die Raupe, die sich verpuppt und dann in neuer Gestalt wiederkehrt, werden Tod und Auferstehung als natürlicher Vorgang interpretiert.

Einige Grabdenkmäler sind mit anrührenden Inschriften geschmückt, so etwa der **Stein für Philipp Jacob Steininger**, der als „Oberlehrer der Mathematik und Physik" am Essener Gymnasium unterrichtete und 1834 starb. Auf der Rückseite befindet sich eine Widmung der „Amtsgenossen und Schüler", die den Verstorbenen als „Freund und Lehrer" preisen. Über der Widmung ist das allsehende

Auge Gottes zu sehen, umgeben von einem Dreieck als Symbol der Dreifaltigkeit und einem monumentalen Strahlenkranz. In der vieldeutigen Grabsymbolik der Romantik kann man hierin auch einen Hinweis auf Wahrheit und Wissenschaft und damit auf den Berufsstand des Verstorbenen sehen.

Der **Grabstein des Freiherrn Clemens Alexander von Asbeck (geb. 1758)**, der am 3. Oktober 1838 im Alter von 80 Jahren in Essen verstarb, wird von einem Kreuz mit gotischem Maßwerk bekrönt. Die Inschrift auf der Frontseite nennt die wichtigsten Titel des Verstorbenen als „Herr zu Lyren und Nosthausen", zweier Rittergüter, die sich im Besitz der Familie befanden. Wir erfahren außerdem, dass von Asbeck vormals Oberhofmeister „Ihrer Königlichen Hoheit Maria Kunigunde, Fürstin von Essen und Thorn" war. Zunächst im Dienst des Fürstbischofs von Hildesheim und dann Verwalter der Drostei Nienburg/Weser, war von Asbeck erst 1801 in den Dienst der **Essener Fürstäbtissin Maria Kunigunde** getreten. Er war der höchste Beamte des Stiftes.

Maria Kunigunde, als sächsisch-polnische Prinzessin 1740 in Warschau geboren, verbrachte ihre Kindheit und Jugend zusammen mit ihren älteren 14 Geschwistern in Dresden. Hier wurde sie streng katholisch erzogen. Hochrangige Eheprojekte, zuletzt mit dem späteren Kaiser Joseph II., scheiterten. Zum Ausgleich ermöglichte ihr Maria Theresia unter Einsatz erheblicher Bestechungsgelder die Wahl zur Koadjutorin der noch amtierenden Fürstäbtissin von Essen und Thorn an der Maas (Niederlande), Franziska Christine. Ihre Nachfolge trat sie 1776 an. Sie hielt sich allerdings nur sporadisch in Essen auf und verbrachte einen großen Teil ihres Lebens an der Seite ihres Bruders, des Kurfürsten von Trier und Bischofs von Augsburg, Clemens Wenzeslaus. Die Geschwister residierten meist in Ehrenbreitstein, bis sie 1786 das neue Koblenzer Residenzschloss bezogen.

In Essen betätigte sich Maria Kunigunde als **Reformerin**, förderte vor allem das Schulwesen und die Wirtschaft. Sie investierte auch in den Ausbau der zwischen der Mark und Wesel geplanten Chaussee (heute Altendorfer Straße). Als im Norden ihres Fürstentums 1789 Raseneisenstein entdeckt wurde, initiierte sie zwei Jahre später die Gründung der Eisenhütte Neu-Essen. 1794 erwarb sie die Hütte aus privaten Mitteln, zusammen mit der St. Antony-Hütte bei Sterkrade (heute Oberhausen). Letztmalig verbrachte Maria Kunigunde 1787 den Sommer in Essen. Fünf Jahre später machte sie zusammen mit Clemens Wenzeslaus nochmals in Borbeck als Durchreisende Station. Die Geschwister waren auf der Flucht vor den französischen Revolutionstruppen und nutzten den kurzen Aufenthalt, um ihre Hofhaltung im Borbecker Residenzschloss aufzulösen.

Maria Kunigunde

Nach der Besitzergreifung des Stiftes am 3. August 1802 durch preußische Soldaten führte der Freiherr von Asbeck als Bevollmächtigter mit großem Geschick die Verhandlungen mit der Interims-Verwaltung und Organisations-Kommission des preußischen Königs. Es gelang ihm zwar nicht, einen Fortbestand des Stiftes zu erwirken, er konnte aber die finanzielle Situation ganz im Sinne der Fürstin, der Stiftsfrauen und Kanoniker regeln. Als Tante des amtierenden Kurfürsten von Sachsen gestand der preußische König Maria Kunigunde einen lebenslangen Genuss ihrer bisherigen Einkünfte zu. Ihre politischen Rechte als Landesfürstin gingen aber verloren. Den Entschädigungsvertrag unterzeichnete sie am 17. Juli 1803 auf Schloss Oberdorf im Allgäu (Marktoberdorf). Als Abfindung erhielt sie knapp 20.000 Reichstaler im Jahr, musste daraus aber auch den Unterhalt ihrer Essener Residenz am Burgplatz bestreiten. Das Gebäude stand ihr auf Lebenszeit zu, obgleich Maria Kunigunde nie mehr nach Essen zurückkehrte. Die

Fürstin bedankte sich bei ihrem Oberhofmeister mit einer prächtigen Schnupftabakdose aus handgetriebenem Dukatengold, die mit ziselierten und geometrisch-figürlichen Gravuren geschmückt war.

Am Grabstein kann man eine Inschrift auf der rechten Seitenfläche leicht übersehen. Sie gilt der Ehefrau des Freiherrn von Asbeck, die ihren Mann um zwei Jahrzehnte überlebte. Geboren wurde sie 1778 in Paris als **Ferdinande Marie Félicité, Marquise de Ghistelles-St. Floris**. Die Familie gehörte zu den besonders vornehmen und reichen Adelsgeschlechtern Nordfrankreichs. Beim Ausbruch der Französischen Revolution starb Ferdinandes Mutter unter der Guillotine. Der Vater konnte zusammen mit der Tochter bei Nacht und Nebel fliehen. „Sie gelangten glücklich bis ins Elsaß, und zu Straßburg, in altritterlicher Weise die 13jährige Ferdinande zu sich aufs Roß nehmend, vertraute er sich den Wellen des Rheines an, und das mutige Tier trug schwimmend seine Last glücklich aufs deutsche Ufer hinüber", schreibt der Aachener Stiftsherr Ludwig Brockhoff in seinen Erinnerungen. Unterkunft fanden Vater und Tochter schließlich in Paderborn, im Hause der Familie von Haxthausen. Sie waren hier einigermaßen mittellos und die junge Marquise musste durch Malen, Sticken und Handschuhnähen Geld verdienen. Eines Tages öffnete sie die Haustür, weil sie ihren Vater zurückerwartete, und sah sich dem Freiherrn von Asbeck gegenüber. Ihre Arme waren hochgekrempelt und voll Seifenschaum. Doch er verliebte sich augenblicklich in das zwanzig Jahre jüngere Mädchen.

„Wollte mir nur mein hiesiges Fenster Ihr Bild, teuerste Freundin, wieder darstellen, wie ich es [...] bei dem Scheine des Lichtes im Fenster sah!", schrieb er ihr am 15. November 1801. „Damals war ich zu reich, weil ich nicht allein das Bild, sondern auch das Original vor mir hatte. Jetzt bin ich zu arm, weil mir beides fehlt." 1802, nachdem Maria Kunigunde ihr Einverständnis signalisiert hatte, wurde in Wattenscheid Hochzeit gefeiert. Die Fürstin blieb ihrem früheren Oberhofmeister und seiner Frau auch in den kommenden Jahren verbunden und übernahm die Patenstelle für das erste Kind, das auf den Namen Maria Kunigunde getauft wurde. Ob Clemens und Ferdinande eine immer glückliche Ehe führten, ist nicht überliefert, doch deuten die erhaltenen Briefe auf eine tief empfundene Herzensbeziehung hin. Immerhin kamen noch drei weitere Töchter zur Welt, die später ebenfalls standesgemäß verehelicht werden konnten: Charlotte, Auguste und Aloysia. Einen männlichen Nachkommen gab es nicht.

In der Stadt Essen genoss der Freiherr, dem man eine besonders elegante Erscheinung nachsagte, hohes Ansehen. 1824 erwarb er eine Stiftskurie an der

Burgstraße, der heutigen Kettwiger Straße. Hier lebte man zusammen mit der befreundeten **Freiin Antoinette von Seraing** (die später ebenfalls in der Asbeckschen Familiengruft begraben wurde). Das Haus zählte zu den stattlichsten am Ort. So war es naheliegend, dass der preußische Kronprinz und spätere König Friedrich Wilhelm IV. bei seinem Besuch der Stadt 1833 hier einkehrte.

Über die **Beerdigung des Freiherrn**, der 1838 verstarb, berichtet uns Ludwig Brockhoff: „In dem großen Leichenzuge trug der älteste Bediente, in tiefste Trauer gekleidet, das umflorte Wappen. Dies wurde, obgleich der Verewigte der letzte seines Stammes war, an der Gruft nicht zerbrochen und mit hinabgesenkt, sondern es hing längere Zeit mit großer Pleureuse umgeben über dem Portal des Trauerhauses." Die Witwe, die sich als besonders wohltätig den Armen gegenüber zeigte, beherbergte im September 1845 in ihrem Hause den Bischof von Speyer, Johannes von Geissel, der wenige Wochen später zum Erzbischof von Köln ernannt wurde. Jeden Sonntag besuchte die fromme Frau den Gottesdienst der barmherzigen Schwestern in der nahen Kapuzinerkirche. Als sie zuletzt nicht mehr gehen konnte, wurde Abhilfe geschaffen: „An einer ehemaligen Portechaise (einer von Lakaien getragenen Sänfte)", so berichtet Brockhoff, „hatte sie links und rechts große Räder anbringen lassen und in diesem mit Gardinen versehenen Vehikel fuhr der getreue Tiroler Joseph Tönich sie regelmäßig zur Kirche, wie ich oft gesehen habe." Am 12. Mai 1858 verstarb sie und wurde an der Seite des Freiherrn bestattet. Maria Kunigunde war schon 1826 in Dresden gestorben, wo sie nach dem Tode ihres Bruders die letzten Lebensjahre verbrachte. Ein Erdgrab war ihr nicht vergönnt, sie wurde standesgemäß in einem prunkvollen Sarkophag in der Dresdener Katholischen Hofkirche beigesetzt.

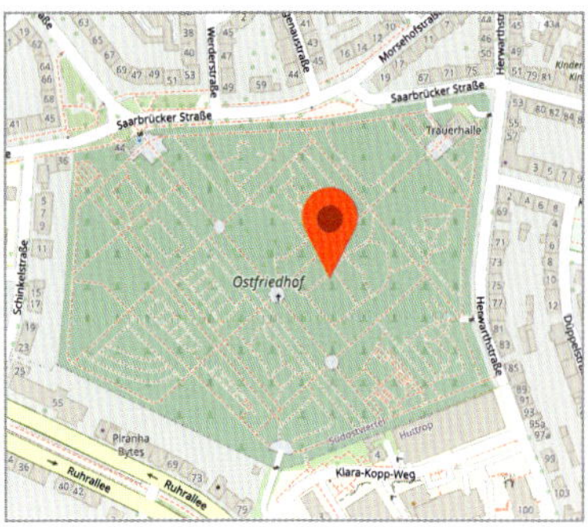

Ostfriedhof
Saarbrücker Straße 76
45138 Essen

24 | Südviertel
Vor hundert Jahren liefen hier die „Buddenbrooks“

Alles stand im Zeichen der Beschleunigung: Tempo! Tempo! Der „Verkehrsschutzmann“ konnte ein gefahrloses Überschreiten des Fahrdammes kaum noch gewährleisten. Der Zebrastreifen war noch nicht erfunden und die erste ferngesteuerte Verkehrsampel wurde in Essen erst am 22. Oktober 1928 in Betrieb genommen. Über den unerschütterlichen Zukunftsglauben machte sich der Essener Anzeiger am 1. April 1924 lustig. Er teilte den sicher verblüfften Leserinnen und Lesern mit, der Verkehrsausschuss der Stadt plane, „den gesamten Verkehr von dem Viehoferplatz bis hinauf zum Bürohaus an der Friedrichstraße auf dem Luftwege zu bewältigen“. Man habe sich bereits um den Ankauf der erforderlichen Flugzeuge bemüht, die man natürlich nur ortskundigen Piloten anvertrauen wollte. Statt eines solchen Himmelfahrtskommandos konnte das Bürohaus, „Glückaufhaus“ genannt, mit einer ganz anderen modernen Errungenschaft aufwarten. Bis heute lädt ein vergoldeter Filmprojektor dazu ein, das Filmstudio Glückauf als eines der ältesten Lichtspielhäuser im Ruhrgebiet kennenzulernen. Es wurde am 1. März 1924 im Untergeschoss des Gebäudes eröffnet, seinerzeit ein „Kulturereignis von größter Bedeutung“.

„Täglich starren rund 15.000 Menschen einer Stadt zur weißen Wand empor, jubeln auf beim heitern Spiel, sind ergriffen durch tragische Schicksale. [...] Film und Volk sind miteinander verwachsen: Kein Mensch und keine Organisation wird sie je wieder auseinanderreißen!“ So schrieb euphorisch die Essener

Filmstudio Glückauf

Volks-Zeitung 1929, als man in Essen bereits 30 Lichtspielhäuser zählte. Längst war das Kino zu einem Massenphänomen geworden. Allerdings brachten manche der sich rasch entwickelnden Unterhaltungsindustrie moralische Bedenken entgegen. Insbesondere die Essener Jugendorganisationen bedrängten die Stadtverwaltung, endlich auch in Essen ein Reformkino zum Zwecke der allgemeinen Volksbildung einzurichten. Der Essener Beigeordnete **Albert Meurer (1878–1957)** nahm sich des Anliegens an und als Standort wurde das im Bau befindliche Glückaufhaus ausgewählt. Der Essener Baudezernent **Ernst Bode (1878–1944)** entwarf den repräsentativen, viergeschossigen Gebäudekomplex an der vielbefahrenen Friedrichstraße und schmückte ihn mit neuartigen spitzwinkeligen Ornamenten. Vorrangig wollte die Stadt Büroflächen schaffen, um Essen als Verwaltungsstandort attraktiver zu machen.

Portal des Glückaufhauses

Der über eine Treppe erreichbare Kinosaal wurde im Untergeschoss des Gebäudes angelegt und bot anfänglich 354 Klappsitze. Da keiner der Gebäudeflügel für die Aufnahme eines Kinosaales breit genug war, ruhte die schwere Außenwand des Gebäudes auf Eisenbetonpfeilern, die den Raumeindruck bis heute bestimmen. Die zweite Reihe trug die Korridorwände der darüber befindlichen Büroetagen. Die Deutsche Lichtbild-Gesellschaft in Berlin (Deulig), die das Kino in enger Abstimmung mit den Schulen anfänglich betrieb, versah den Vorführraum mit modernster Kinotechnik. Allein das Bankhaus der jüdischen Familie Hirschland beteiligte sich mit 300.000 Reichsmark am Kino, da man für die innere Ausstattung auf Spenden angewiesen war.

Die ersten öffentlichen Vorführungen fanden am 15. März 1924 statt. Unter anderem wurde der Eskimofilm „Nanuk" gezeigt, ein in Nordkanada gedrehter

Stummfilm, der mit Schneesturmaufnahmen und einer Walrossjagd das Publikum begeisterte. Während in den Morgenstunden das Kino den Schulklassen vorbehalten war, sollten ab 15 Uhr für das allgemeine Publikum „Kulturfilme" und „beste Spielfilme" geboten werden. Aber auch Vorträge oder Versammlungen fanden im Kino statt. Allerdings waren die Aufführungen oft schlecht besucht, sodass die Einrichtung schon bald bezuschusst werden musste. Nach einem Jahr übernahm die Stadt den Betrieb in Eigenregie. Das Kino zeichnete sich durch kleine Preise und besondere Vergünstigungen aus, die unter anderem den Mitgliedern von Gewerkschaften, dem Kruppschen Bildungsverein oder der Volkshochschule gewährt wurden. Die Nutzer durften auch Einfluss

Der historische Kinosaal im Untergeschoss

auf das Programm nehmen. So wurde im November 1924 auf Wunsch der katholischen Jugend eine Verfilmung der „Buddenbrooks" von Thomas Mann ins Programm aufgenommen.

Kino und Kinosaal überdauerten die Zeiten und als das Glückaufhaus 2007 bis auf die Außenwände abgetragen wurde, barg man die denkmalgeschützte Ausstattung sorgsam, um sie an alter Stelle wieder einzubauen. Vor allem ist dies dem Einsatz der Kinobetreiberin Marianne Menze und dem **Verein „Rettet das Filmstudio"** zu verdanken. Auch der Erfolgsregisseur Sönke Wortmann setzte sich für das besondere und geschichtsträchtige Kino ein.

Filmstudio „Glückauf"
Rüttenscheider Straße 2
45128 Essen

25 | Überruhr-Holthausen
Ein verwunschener Ort: der Holteyer Hafen

Mit Unterstützung von Friedrich dem Großen wurde die Ruhr bis 1780 schiffbar gemacht, wobei der Fluss mehrere staatliche Gebiete durchfloss, zu denen auch die Abtei Werden und das Stift Essen gehörten. Es wurden damals mehrere Ruhrschleusen angelegt, unter anderem die noch erhaltene Horster Schleuse. Außerdem entstand der Treidel- oder Leinpfad, auf dem die an einer Leine befestigten Schiffe mit Arbeitspferden flussaufwärts gezogen wurden. Auf der Ruhr verkehrten vor allem die etwa 30 Meter langen „Ruhraaken", mit denen die geförderten Kohlen abtransportiert wurden. Ein Stück des Leinpfads mit der ursprünglichen Pflasterung hat sich am Ruhrufer in Überruhr erhalten. Der Leinpfad wird hier seit 1852 über eine sattelförmige Bogenbrücke geführt, die zugleich als Einfahrt in den Holteyer Hafen dient. 1837–38 angelegt, bot dieser „Sicherheitshafen" in der Nähe der Stadt Steele Schutz bei schlechter Witterung oder Eisgang. Die früher vorhandenen Gebäude, darunter ein Haus für den Hafenmeister und ein Kohlenmagazin, sind lange verschwunden. Heute neigen sich alte Bäume über das Hafenbecken, dessen stille Idylle kaum noch etwas von der einstigen Betriebsamkeit erahnen lässt.

Da wegen des fortschreitenden Ausbaus des Eisenbahnnetzes im Ruhrtal der Kohletransport per Schiff schließlich nicht mehr lukrativ war, wurde der zuvor recht rege Hafenbetrieb um 1880 eingestellt. In den folgenden Jahren war der Hafen noch der Wasserbau-Inspektion in Ruhrort zugeordnet und es gab ein

Einfahrt in den Holteyer Hafen

Büro für den „Kgl. Strommeister". Im Winter wurde das Hafenbecken zur „Eisgewinnung" genutzt. Als Anfang des 20. Jahrhunderts der Hafen aufgelassen wurde, eroberten Freizeitaktivitäten das Gelände: Östlich des Hafenbeckens wurde ein Strandbad bzw. ein Licht- und Luftbad angelegt, es entstanden ein Bootshaus und eine Jugendhalle. Seit Anfang der 1960er Jahre ist das Tiergehege im romantischen Wichteltal ein beliebter Treffpunkt für Jung und Alt.

Oberhalb des Hafens liegt auf den Ruhrhöhen die **Friedenskapelle**. Mitglieder der Eucharistischen Ehrengarde Essen-Überruhr errichteten sie 1960 bis 1961 hauptsächlich in Eigenarbeit. Auch heute kümmern sie sich zusammen mit anderen Gemeindemitgliedern um die Pflege und Wartung des Gebäudes. Die Kapelle besteht aus heimischen Ruhrsandsteinen, die vom früheren Grootehof (vormals Mönkhoff) stammen oder im Steinbruch unterhalb der Kapelle gewonnen wurden. Das Dach ist in Anlehnung an Kapellen des Alpenraumes mit Schindeln gedeckt. Von der Kapelle aus lohnt es sich, den Ruhrhöhenweg weiter bergauf zu steigen, denn an der Einmündung des Heuwegs befindet sich ein **Aussichtspunkt**, der einen weiten Ausblick auf den Holteyer Hafen und das Ruhrtal zwischen Überruhr und Dahlhausen bietet.

Friedens-
kapelle

Romantisches
Wichteltal

Blick ins Ruhrtal

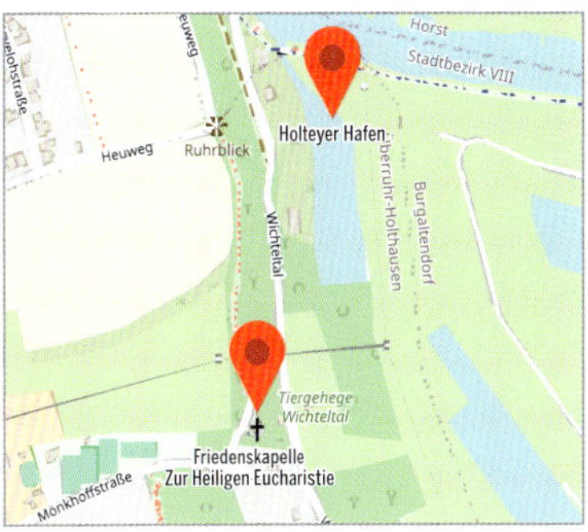

Holteyer Hafen
Wichteltal 173
45277 Essen

Friedenskapelle Zur Heiligen Eucharistie
Mönkhoffstraße 55a
45277 Essen

26 | Werden
Ein Schäfchen und die Dichterin

Erst in jüngster Zeit hat die Essener Stadtarchäologie auf der Alteburg auf dem Pastoratsberg oberhalb von Werden Funde entdeckt, die eine Nutzung der Wehranlage lange vor Christi Geburt belegen. Auch die Gebäude der Werdener Benediktinerabtei haben ein hohes Alter und umfassen bauliche Zeugnisse, die von der Karolingerzeit bis zum Klassizismus reichen. Die frühere Abteikirche und heutige Propsteikirche St. Ludgerus gilt sogar als ältestes Gotteshaus im Bistum Essen. Am Chorbereich findet sich in luftiger Höhe ein steinernes Bildwerk, das die Fantasie der Menschen seit langer Zeit anregt. Die heimische Dichterin Maria Weinand beschrieb es 1912 als „Werdener Schäfchen". Doch was hat es mit dem Schäfchen auf sich? Und wer ist diese Dichterin?

Das Äußere der Propsteikirche St. Ludgerus gibt sich wuchtig aber bescheiden. Der wenige Bauschmuck ist überwiegend den Restaurierungen des 19. und frühen 20. Jahrhunderts zu verdanken, als man die Portale erneuerte und sogar vor dem Einfluss des Jugendstils nicht zurückschreckte. In diesem Kontext entstand auch die **Kirchenmaus**, die am Querhausportal ihr Unwesen treibt.

Was das weit ältere **Werdener Schäfchen** betrifft, so fällt auf, dass ganz in seiner Nähe ein weiteres Bildwerk eingemauert ist: der Oberkörper eines bärtigen Mannes. Es ist naheliegend, in beiden Darstellungen „Spolien" zu vermuten, also mittelalterliche Bildwerke, die hier in Zweitverwendung eingefügt wurden. Sie sind Zeugnisse einer komplizierten Baugeschichte: Die Ringkrypta, die das Grab Liudgers als Pilgerweg umfasst, entstand laut heutigem Stand bereits in karolingischer Zeit (kurz nach 840). 943 wurde das Westwerk der Kirche als „Peters-

Das Werdener Schäfchen

Weitere Spolie
am Querhaus

Kirchenmaus und Mohnkolben am Portal

kirche" geweiht. Nach einem Brand 1256 entstand die daran anschließende „Salvatorkirche" unter Verwendung älterer Bauteile neu und wurde 1275 im Wesentlichen in der heutigen Form geweiht. Ob das Schäfchen damals schon an Ort und Stelle war, ist nicht bekannt. Zu erkennen ist es auf einer noch in abteilicher Zeit vor 1800 entstandenen Tuschzeichnung. 1893 lobte der Provinzialkonservator der Rheinprovinz, Paul Clemen, die künstlerische Qualität des Werkes, das er entgegen der volkstümlichen Deutung als gut stilisierten steinernen romanischen Löwen identifizierte. Tatsächlich ist die Löwenmähne gut zu erkennen. Löwen galten als Sinnbilder bedrohlicher Mächte, aber auch als Christussymbol. Nach der Überlieferung des frühchristlichen „Physiologus" bringt die Löwin ihre Jungen tot zur Welt und erst nach drei Tagen werden sie vom Vater ins Leben gerufen. Für die Menschen des Mittelalters waren solch vieldeutige Symbole besonders wertvoll.

1912 setzte die **Dichterin Maria Weinand (1882–1960)** dem „Werdener Schäfchen" ein literarisches Denkmal. Ihr Essener Sagenbuch, das erste seiner Art, erschien im hiesigen Verlag von Heinrich Vos. Für das Schäfchen übertrug Weinand eine mündliche Überlieferung in Verse. Die Handlung ist schnell erzählt: Als ein Schäfer seine Herde durch Werden trieb, blieb er plötzlich an der Abteikirche wie angewurzelt stehen. Obgleich die Tiere weiterdrängten, vermochte er sich nicht von der Stelle zu rühren. Da stürzte ein Dachdeckermeister, der auf dem Vierungsturm der Kirche gearbeitet hatte, aus schwindelnder Höhe auf die Schafe herab. „Auf der kühlen, harten Erde – Lag der Meister unversehrt; – Denn ein treues Schäfchen hatte – Alles Unglück abgewehrt." Für die spätere Prosafassung der Legende von 1931 änderte Weinand die Handlung ab. Statt des Schäfers waren es nun die Schafe, die nicht mehr weiterwollten. „Ob auch der Hund sie bellend umkreiste, sie standen wie zu Stein erstarrt und rührten sich nicht mehr". Und über das vom stürzenden Meister erschlagene Schäfchen wird berichtet: „Die Menschen, die die wunderbare Rettung miterlebten, wiesen ihm zu Dank für alle Zeit einen Platz am Turm zu Werden an."

Weinand, eine katholische Essener Lehrerin, erlangte vor allem mit ihrem vaterländischen Festspiel „Der Monde Gruß" einige Popularität. Das Stück war „zur Verschönerung der Kaisergeburtstagsfeiern, namentlich in Töchterschulen, Seminarien, Jungfrauen-Vereinen und kleineren Gesellschaften" gedacht. Es folgten zahlreiche volkstümliche, vor allem aber patriotische Gedichte, die regelmäßig veröffentlicht wurden. Mit „Das erste Soldatengrab in Essen" stellte sich Weinand 1914 in den Dienst der Heldenverehrung. In Reimen kommentierte sie in den folgenden Jahren die militärischen Erfolge und brachte immer wieder ihre Bewunderung für Wilhelm II. als „Soldatenkaiser" zum Ausdruck. Heinrich Vos, der Mitautor des Sagenbuches, vertonte ihre Werke, um sie bei vaterländischen Veranstaltungen präsentieren zu können. Einen reichsweiten Erfolg erzielte

Das Essener Sagenbuch von 1912

Propsteikirche
St. Ludgerus

Maria Weinand mit ihrem Poem über das Kriegsschiff „Emden", das gleich von mehreren Komponisten bearbeitet und oft aufgeführt wurde.

Durch zahlreiche öffentliche Auftritte wurde Maria Weinand damals regelrecht zu einer Symbolfigur des Krieges. So kam sie anlässlich der Einweihungsfeier des Nagelstandbildes „Der Schmied von Essen" am Essener Handelshof 1915 im weißen Kleid einer Jungfrau auf die Bühne und spornte die Menge mit ihrem religiös verbrämten „Prolog" zu immer neuen, sinnlosen Opfern an: „Vaterland! – Vielhunderttausend heben die Hand. – Die wollen dir ihre Liebe sagen. – Sie wollen ihr Beten zum Herrgott tragen. – Sie wollen lindern das deutsche Leid. – Sie halten sich selber zum Opfer bereit, – vielhunderttausend heben die Hand: – Vaterland!" So wie sich der Löwe an St. Ludgerus in ein Schäfchen verwandelte, fand auch Maria Weinand nach Krieg und Revolution ihren Platz in der demokratischen Gesellschaft. Sie unterrichtete an der neu gegründeten Volkshochschule und studierte zugleich in Münster, Hamburg und Köln Pädagogik, Philosophie, Soziologie, Germanistik und Geschichte. Sie engagierte sich politisch für das Zentrum und für das Frauenwahlrecht. Schließlich zog sie in den preußischen Landtag ein. Ab 1946 lehrte Weinand als Professorin an der Katholischen Pädagogischen Akademie in Essen-Kupferdreh. Das Werdener Schäfchen hält die Erinnerung an ihre bemerkenswerte Karriere wach.

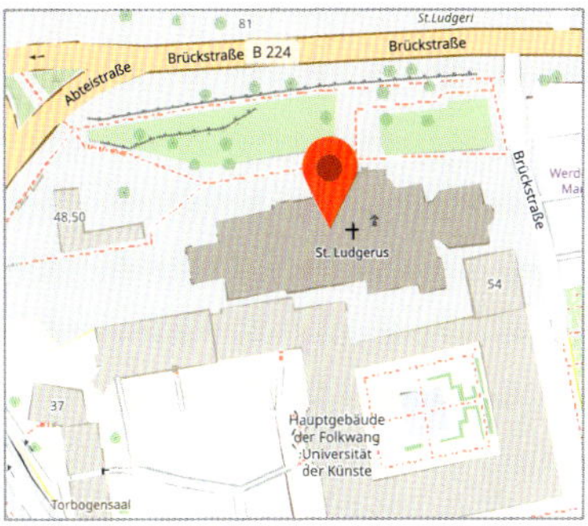

Propsteikirche St. Ludgerus
Brückstr. 52
45239 Essen

27 | Werden
Waddisch hinter Klostermauern

Man sah wohl trotzig den schweren Zeiten entgegen, die seit der Französischen Revolution vor allem in den geistlichen Fürstentümern für schlechte Stimmung sorgten. Das streng dekorierte Torhaus der Werdener Abtei wurde mit einer Faunsmaske geschmückt, die ganz ungeniert die Zunge herausstreckt. Mit dem Torgebäude, seiner Triumphbogenarchitektur und den aufgesetzten Vasen, vollendete der Baumeister Engelbert Kleinhanz den ehrgeizigen Neubau der Werdener Klostergebäude, mit dem man noch ganz sorglos im Jahre 1745 begonnen hatte. Wer das Tor passiert, erreicht einen weiten, von Seitenflügeln gerahmten Ehrenhof. Hinter der Prälatur mit ihren hohen Mansardendächern kann sich die mittelalterliche St. Ludgeruskirche kaum Geltung verschaffen. Die Architekturkulisse unterstreicht den Status der Werdener Äbte als Reichsfürsten, die ihr unbescheidenes Haus mit prallen Festons, Putten und Muschelformen schmückten, ganz im Sinne barocker Lebens- und Festfreude. Vor allem die geschwungene Freitreppe scheint vom Ornamentschmuck regelrecht überwuchert zu sein. Als am 18. November 1799 der neue Abt Beda (1755–1828) den braunschweigischen Sondergesandten, den Kammerherrn von Veltheim, auf diesem Treppenaufgang empfing, um den Belehnungseid für die Stadt Helmstedt zu leisten, herrschte aber bereits Weltuntergangsstimmung. Längst zeichnete sich die Aufhebung der Abteien Helmstedt und Werden, die der Abt in Personalunion führte, ab. Schon 1802 musste Beda Werden verlassen. 1811 wurden die Klosterbauten zum Zuchthaus umgewandelt, das hier bis 1928 bestand. Das rückwärtige Konventsgebäude diente als Tuchfabrik. Nach dem Zweiten Weltkrieg zogen die Folkwangschulen ein.

Faunsmaske am Torhaus

So sind es heute die Studierenden der **Folkwang Universität der Künste**, deren musikalische Übungen und Darbietungen aus den geöffneten Fenstern nach draußen dringen. In den 1980er Jahren waren außerdem noch weit derbere, volkstümliche Klänge zu vernehmen. Denn im großen Saal über der Schatzkammer wurde damals regelmäßig der **„Komm-Omend"** begangen. Hier pflegte man die traditionelle Werdener Mundart, die vor allem von den Älteren noch fließend gesprochen wurde und sich schon im Klang von der Umgangssprache etwa in Mülheim, Essen oder Velbert unterscheidet. Im „Waddischen" schienen auf wundersame Weise Alltagsgeschichte, Sitten und Gebräuche konserviert. Dokumentiert und erforscht werden die sprachlichen Besonderheiten aber erst seit Mitte des 19. Jahrhunderts.

Obwohl man sich schon in der Kaiserzeit bemühte, den Kindern Hochdeutsch beizubringen, hat „Waddisch" bis heute die Zeiten überdauert. Große Verdienste um den Erhalt der Mundart erwarb sich der Professor für Allgemeine Didaktik und Schulpädagogik, Schriftsteller und Sammler von historischen Kinder- und Jugendbüchern, **Hubert Göbels (1905–1997)**, der den schon in den 1930er Jahren beliebten „Komm-Omend" (Komme heute Abend), wiederbelebte und lange Jahre sein „Vörsetter" war. In den klösterlichen Mauern wurden Gedichte vorgetragen, Kindheitserinnerungen und Anekdoten ausgetauscht, wehmütig über die Eingemeindung von 1929 (sic!) lamentiert oder nicht selten laut und herzhaft gesungen. Hier hörte ich erstmals von den Werdener Originalen Männe und Setta, die Anfang des 20. Jahrhunderts wegen ihrer sehr unterschiedlichen Körperlänge als „Werdens originellstes Ehepaar" galten. Es wurde an den

Männe und Setta

Im Konventsgebäude befindet sich der Saal, in dem viele Jahre der Komm-Omend tagte

Urwerdener Heimatdichter August Hahn („Döres" genannt) erinnert oder an Clemens Blumentrath, der sich aktiv um den Erhalt des „Waddischen" bemühte und als Büttenredner bekannt und geschätzt war. Die „Aule Wiewer", die in alten Klamotten und mit blumengeschmückten Hüten am „Fastelovend" durch die Gassen Werdens ziehen, boten ebenfalls launigen Gesprächsstoff. Beim „Komm-Omend" lernte ich, dass der Spatz in Werden „Mösch" genannt wird: „Man kann en aulen Mösch net met Hawerkaff (Haferstroh) fohren".

Hubert Göbels übertrug nicht nur „Die kleine Hexe" von Ottfried Preußler, sondern auch die bekannteste Dichtung von Wilhelm Busch in die Werdener Mundart. Beim „Senter Kloas Komm-Omend 1989" schrieb er mir als Widmung ein Goethe-Zitat in meinen „Max on Moritz": „Im Dialekt schöpft die Seele Atem!" 1997 starb Hubert Göbels, nach einem erfüllten Leben, das er unter anderem der Wissenschaft und seiner Werdener und plattdeutschen Heimat gewidmet hatte. Der „Komm-Omend" besteht seit 2020 als Arbeitskreis beim Werdener Bürger- und Heimatverein fort (www.waddisch.de), ganz nach dem Motto: „Wi mödden doch Platt kallen". Und im Stadtteil ist sowieso jedem bewusst: „Et geit nix vör Wadden!" Abt Beda hätte sicher zugestimmt.

Treppe, auf der Abt Beda seine Gäste empfing

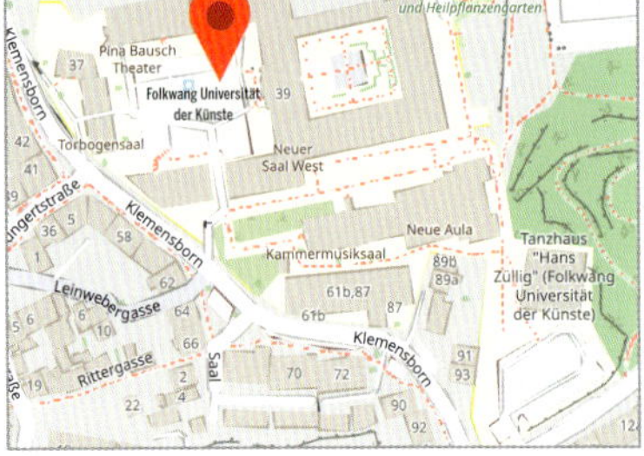

Folkwang Universität der Künste
Klemensborn 39
45239 Essen

Dank und Quellenhinweis

Für die Mitwirkung am Buch möchte ich mich vor allem bei Danijel Brekalo (Gigo), Nikolaos Georgakis, Christine Heim (Kunstring Folkwang), Pfarrer Johannes Heun, Pfarrer Kai Pleuser, Pfarrer Werner Sonnenberg, Martina Strehlen (Alte Synagoge – Haus jüdischer Kultur), Edith Tekolf, Rainer Teuber/Andrea Wegener (Domschatz Essen), Oliver Wölbern, den Mitarbeitenden im Haus der Essener Geschichte/Stadtarchiv und den Mitgliedern der KG Hahnekopp sehr herzlich bedanken.

Als Quelle dienten neben Akten im Haus der Essener Geschichte/Stadtarchiv, Presseberichten, Adressbüchern oder der Denkmalliste u. a. die folgenden Veröffentlichungen (mit Nummer des jeweiligen Beitrages): Stadt Essen/Historischer Verein für Stadt und Stift Essen e.V. (HVE) (Hg.), Essener Straßen und Essener Köpfe, Essen 2015; Walther Zimmermann: Ostflügel des Kreuzgangs, in: Das Münster am Hellweg, Verein für die Erhaltung des Essener Münsters – Münsterbauverein e.V. (Hg.), Essen, 9. Jg., Heft 10, Oktober 1956 (Einl.); Dr. Karl Mews, Franz Wilhelm Flashoff (1771-1837) – Ein Pionier der Gewinnung von Leuchtgas aus Ruhrkohle, in: Die Heimatstadt Essen, Jahrbuch 1960/61 (3); Yvonne Rieker u. Michael Zimmermann, Licht und Dunkel – Der Beginn der öffentlichen Beleuchtung in Essen, in: Klaus Wisotzky/Michael Zimmermann (Hg.), Selbstverständlichkeiten, Essen 1997 (3); Paul Joseph Cremers, Ernst Knoblauch, Berlin 1929 (4); Hedwig Röckelein, Altfrid, Gründer des Stifts Essen und international agierender Kirchenmann?, Essener Forschungen zum Frauenstift 9 (5); Festschrift der Evangelischen Kirchengemeinde Essen-Altstadt – Die Marktkirche in Essen, Essen 1952 (6); Heinrich Gehring, „...daß wir doch den teuren Mann möchten behalten" – Die Durchsetzung der Reformation durch Volk und Rat in der Stadt Essen, Festschrift zum Jubiläum „450 Jahre Evangelische Kirche in Essen 1563 – 2013", Essen 2013 (6); Hans-Joachim Maßner, Aus Vergangenheit und Gegenwart unserer Kirche in Essen (Kleine Essendische Kirchengeschichte), Köln 1978 (6); Thomas Schilp (Hg.), Pro remedio et salute anime peragemus – Totengedenken am Frauenstift Essen, in: Essener Forschungen zum Frauenstift 6 (6); Walther Zimmermann, Das Münster zu Essen, Essen 1956 (6); Norbert Krüger, Die Luftangriffe auf Essen 1940-1945, in: EB 113 (2001) (7); Detlef Hopp (Hg.), Stadtarchäologie in Essen, Bottrop 1999 (10); Walter Wimmer, Gewachsen in elf Jahrhunderten – Borbecker Chronik 1-6, Essen 1981-1993 (10); Stadt Essen/ HVE (Hg.), Essener Stadtwappen und Siegel im Wandel der Zeit – Begleitheft zur Ausstellung „130 Jahre Essener Stadtwappen", Essen 2016 (11); Birthe Marfording für den Kultur-Historischer Verein Borbeck e.V. (Hg.), Schloss Borbeck und sein Park – Oberhof – Wasserburg – Lustschloss – Residenz und Bürgerzentrum im Wandel der Jahrhunderte, Essen, 1999 (11); Robert Welzel, Bauunternehmer als Wohnungsfabrikanten – Die Essener „Häuserkönige" und ihr Beitrag zur Stadtentwicklung 1850-1929, in: EB 124 (2011) (12, 20); Kunsthaus Essen/ Kunstring Folkwang u. a. (Hg.), Alles muss raus – Axel Loytved – Works, Hamburg 2010 (12); Festschrift 100 Jahre Karnevalsgesellschaft „Hahnekopp" e.V. Essen Frohnhausen 1862-1962 (13); https://magazin.bundeskunsthalle.de/2017/04/ein-portraet-voller-aussagen (14); Wilhelm Sellmann, Die Mühlen in Stadt und Stift Essen, in: EB 47 (1930) (15); Ernst Schmidt, Das Kriegsverbrechen auf der Wickenburgbrücke am 13. Dezember 1944, in: EB 120 (2007) (15); Irene Voigt, Burg Horst – Die Geschichte eines alten Hauses an der Ruhr 1142-1983, Essen 1983 (16); Detlef Hopp, Haus Horst und die Vryburg, in: Burgen Aufruhr – Unterwegs zu 100 Burgen, Schlössern und Herrensitzen in der Ruhrregion, Essen 2010 (16); Wilhelm Grevel, Zur Geschichte des Amtes Königssteele – Drei Vorträge gehalten in den Jahren 1885 und 1889, Essen 1914 (16, 21-22); Alfons Kenkmann, Totenkult – Tradition – Trubel – Transfer – Die wechselvolle Geschichte des „Ruhrkämpfer-Ehrenmals", in: EB 122 (2009) (16); Conrad Matschoß, Franz Dinnendahl – Das Lebensbild eines deutschen Kunstmeisters, in: EB 26 (1905) (16); „Scheidt", in: Neue Deutsche Biographie 22 (2005) (19); Fritz W. Deger, Steele – Tausend Jahre seiner Geschichte, Bd. 1, Bocholt, 1986 (21-22); Ferdinand Schröder, Briefe des Freiherrn Clemens von Asbeck an seine Braut und Gattin, in: EB 36 (1917) (23); Heinrich Wiedemann, Erinnerungen des Stiftsherrn Ludwig Brockhoff, in: EB 36 (1917) (23); Willy Ascherfeld, Maria Kunigunde von Sachsen, die letzte Fürstäbtissin des Stiftes Essen (1776–1802), in: EB 47 (1930) (23); Klaus Lindemann, „,... Damals kam es vor allem darauf an, dass gehandelt wurde." – Das Glückaufhaus in Essen und seine bewegte Geschichte, in: EB 122 (2009) (24); Jan Bart, Aus reichsabteilichen Akten – Werden und Kettwig in Bildern und Dokumenten, Kettwig 1966 (27); Edith Tekolf, Engelbert Kleinhanz (1758-1834) – Baumeister aus Leidenschaft, Regensburg 2022 (27); Marc Real, Wo klang es waddisch?, Werdener Nachrichten 21.03.-24.05.2024 (27).